CACOGRAPHIE

RANGÉE

DANS UN NOUVEL ORDRE.

CACOGRAPHIE

RANGÉE

DANS UN NOUVEL ORDRE,

OU

EXERCICES

SUR L'ORTHOGRAPHE, LA SYNTAXE, ET
LA PONCTUATION ;

PAR E.-A. LEQUIEN,

AUTEUR DU TRAITÉ DES PARTICIPES ET DE PLUSIEURS AUTRES
OUVRAGES DE GRAMMAIRE.

SIXIÈME ÉDITION,

Augmentée d'un grand nombre de nouveaux exercices.

PRIX : 1 fr. 25 cent.

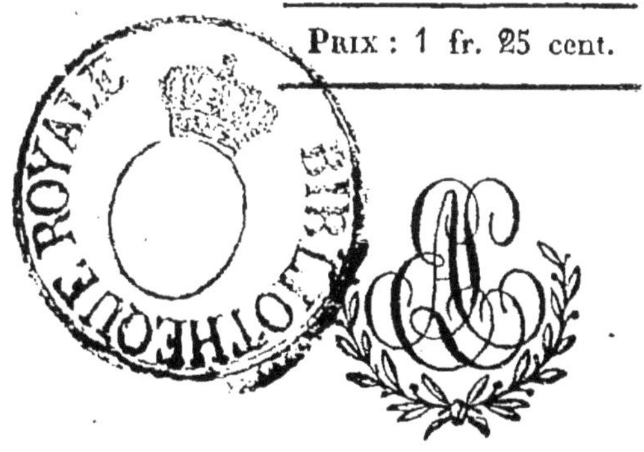

A PARIS,

CHEZ L'AUTEUR, RUE S.-ANDRÉ-DES-ARTS, N°. 68.

1832.

AUTRES OUVRAGES DU MÊME AUTEUR.

LES PREMIÈRES NOTIONS DE LA GRAMMAIRE FRANÇAISE, ou Exercices sur les parties du Discours, ouvrage utile à tous les élèves qui commencent à écrire, et qui sont en état de copier. Seconde édition. Un fr. 50 c., et 2 fr. franc de port.

GRAMMAIRE FRANÇAISE ÉLÉMENTAIRE, ouvrage à la portée de toutes les personnes qui n'ont aucune notion des principes de cette langue. Huitième édition. Prix : 1 fr. 50 c., et 2 fr. 10 c. franc de port.

ANALYSE GRAMMATICALE, suivie d'un Abrégé d'Analyse logique. Même prix.

TRAITÉ DE LA CONJUGAISON DES VERBES, ouvrage qui peut servir de supplément à la plupart des Grammaires élémentaires qui ont paru jusqu'à ce jour. Onzième édition. Prix : 1 fr. 25 c., et 1 fr. 50 c. franc de port.

TRAITÉ DES PARTICIPES. Quinzième édition. Prix : 1 fr. 25 c., et 1 fr. 60 c. franc de port.

CONCORDANCE DES TEMPS DES VERBES, et particulièrement des temps du Subjonctif. Huitième édition. Même prix que la Conjugaison.

TRAITÉ DE LA PONCTUATION, contenant plus de quatre cents exemples divisés en douze chapitres. Huitième édition. Même prix.

CORRIGÉ de la Cacographie. Même prix.

VOCABULAIRE DES HOMONYMES FRANÇAIS. Seconde édition. Prix : 2 fr. 50 c., et 3 fr. 25 c. franc de port.

ÉLÉMENTS D'ARITHMÉTIQUE, ouvrage divisé en six parties, dans l'ordre suivant : *Calcul des nombres entiers*, *Calcul des Fractions*, *Calcul des nombres complexes*, *Calcul des Fractions décimales*, *Proportions*, *Solutions de plusieurs problèmes*. Un vol in-12. Seconde édition. Prix : 2 fr. 50 c., et 3 fr. franc de port.

LOTTIN DE S.-GERMAIN, IMPRIMEUR, RUE DE NAZARETH, No. 1. (PARIS — 1832.)

PRÉFACE.

Cette méthode de donner aux élèves des phrases vicieuses à corriger, pour les exercer à l'orthographe et à la syntaxe, est connue depuis long-temps; mais c'est M. Boinvilliers qui, le premier, a donné un ouvrage de ce genre sous le titre de *Cacographie*, mot composé de deux mots grecs qui signifient *mauvaise écriture*. Une nouvelle Cacographie a été donnée par M. C.-C. Letellier.

Un reproche que l'on a fait à ces deux ouvrages, c'est la grande quantité de fautes grossières que l'on y trouve, et que l'on pense que personne ne peut jamais faire. M. Boinvilliers, pour se justifier de ce reproche, cite, à la fin de sa Cacographie, quelques lettres qui prouvent qu'on peut faire des fautes plus grossières que celles qu'il a faites à dessein dans son ouvrage. Beaucoup de personnes, à la vérité, doutent que ces lettres soient conformes aux originaux; et j'avoue que j'ai partagé cette opinion pendant quelque temps. Mais je vais en citer avec la plus grande exactitude quelques unes que j'ai entre les mains, pour montrer que M. Boinvilliers peut avoir trouvé ces lettres telles qu'il les a rapportées dans sa Cacographie. Les lettres que je vais rapporter sont la plupart de personnes qui, par leur état, sont censées connaître au moins les premiers principes de leur langue.

1. *Lettre d'une Demoiselle.*

Mmsl G..... abien lonheur de pré sen té ses res pec amon sieur et madame L. . . et les prie de vou lois bien mon té ala chan bre pour que la person que j'en vois maporte Ce qui reste je vous prie , aussi davoir la bonté de dir monadresse a etc.

2. *Lettre d'un jeune homme de dix-sept ans , qui venait d'achever ses études à Paris.*

Manman ma chargé de vous demander si vous vouliez bien avoir la bonté de passer chez elle lors que vous aurez un moment avous pour être plus sûre de la trouver il faudroit que vous passiez dans la matiné sur les dix ou honze heures l'adresse est rue etc.

3. *Lettre d'un Libraire.*

M. D. Jevous renvoies votre facteur pour que vous la vérifiée car jenest trouvée que 58 vol. il y menque le œuvres de Crébillon ensi vous lais donnere au conducteur an se fesant vous obligere votre serviture.

4. *Lettre d'une Dame.*

Mons flis ayent etée obligée de partire a été privez de vous souhaité le bonjours ille nous e Crit pour le peti restan de compte vous savez ce quile y a ille ne me la marque vous pouvé le remettre a son frere porteur de la letre ille vous asure bien ces respect ille espere avoire besoins de vos bones le Con la né prochaine.

5. *Lettre d'une Dame qui était alors maîtresse de pension à Paris.*

Monsieur, vous m'acusé sendoute de négligence, ou de movaise volonté ce n'est ni l'un ni l'autre, de puis que je ne vous ai vu jé été accablé de nouveaux malheurs ce qui m'a mi dans l'in posibilité de m'aquiter En ver vous, et ce la m'est encore inposible dans ce moment. Je vas prendre dans votre cartier un nouvelle établissement qui j'espere me metera a même plus tarc de vous prouvé que je n'é point de movaise volontée. Sitôt que le temps sera un peu moin mauvai j'aurai l'honneur d'aller vous voir.

Je suie En attendant etc.

Dite pour moi je vous pris mille choses honnête a Madame Vôtre épouse.

6. *Lettre d'un Instituteur.*

J'ai vu Dimanche dernier le 20 du present mois de vos ouvrages qui m'on paru très bien faite Je Desircrois bien en avoir J'ai vous prie de m'en voyer les ouvrages que je va vous détaillié Je vous en voye en même tems l'argent parce que j'ai vu les prix à Vant l'intitulé du traité des participes et port franc pour tous les ouvrages cy a près détaillié....... Je vous En voye la dite somme etc..... Si il y a En core quel que ouvrage qui soit a la potré de linstruction des enfans Je vous prie de me le faire savoir.

7. *Lettre d'un Libraire.*

Je vous fait passé le montant de votre premier facteur, vous y verais que lerreur ne viens pas de moy, que je nais fait que de copier votre montant, sans l'aditionné, vous trouvé dite vous monsieur des difficulté pour négociés vous êffet sur notre ville je vous ôffre de vous payés au Comptant, franc de port à 7 pour Cens de remisse ou à 6 avec le port, Car lon me prend. 1, pour Cens pour le port. Le tous a votre Choix jattend votre Réponse pour vous envoyez un êffet de votre dernier facteur, ou le montant en argens.

Jais lhonneur de vous salué.

8. *Lettre d'un Libraire.*

Je vous Ecrit la presante pour vous demandé le livre suivant la note en papier ordinaire que vous Me le expedirée pour le roulier a bureau restant a R...., le autre foi vous le remetie chez L..... ou chez B....., Mais comme je ne pas besoin dautre chose pour le moment je vous prie de me les expedie vous Meme en tirant le remhoursement du Montant de la facture sur la lettre de voiture vous faire un ballot que vous remetere chez Monsieur B..... comissionaire rue...... se chez lui que je fait remetre tout les envoi que lon me fait e quil as le plus doccasion pour R.... . en recevant le ballot je payere le Montant de la facture vous Me E'crire une lettre davis a poste restant a A...... e le ballot a bureau restant a R.....

Suit la note des livres, dans laquelle on lit :

Seicles de lovis 14.
Essais sur les Meurs.
Ouvre diverse de la fontaine.
Ouvre complette de Montesquieu.

9. *Lettre d'un militaire élevé à Paris.*

Mon chere pere je vous écrit pour avoir de vos nouvelles, et de toutes la famille, j'ai Et crit a Mon frere il y à plus de trois mois et je n'ai point Reçus de Réponçe j'enygnore la cauçe Il est vrais que je lui de mandais de l'argant C'est peut-être la Raison qui l'oblige au silense pour tant je crois N'a Voir jamais été importun a cet egard C'est la Grande Nesecitée ou je me trouvais dans Ce moment qui m'i a forcé Car vous n'ygnorez pas que j'étais sans linge Le peu que j'avais M'a été pris a Vec mon porttemanteaux je suis resté nu on ne donnais point d'argant alors jetais malheureux. Je le suis plus encore depuis onzans que je sert Voilà la premiere fois que j'entre drns un hopital. Mais je soufrais Trop. Il a falut passer par la, ma maladie est un dépot d'humeure qui me tint tout le Col enfin je soufre beaucoup Voila le Cinquiemme jour que j'y suis.... S'il étois possible d'y goindre un peu d'argant Ce la me ferais Grand plaisirs dans letat ou je suis je ferais tous mon possible pour le renbourser adresser le tout a la personne Ci decus.

Adieux mon chere pere je vous embrasse de tout mon cœur et vous souette une bonne et longue sentée in si qu'a toute la famille. Votre respecteux fils etc.

10. *Lettre de M. de *** à M. le comte de ****

Général et coussin

J'ai aprie avecvive joie par vôtre frere que vous jouissiez

dune Bonne santé, le Recetes de vos nouvelles onte faite plaissire a nos collonnies

Votre frere et L....., mon assuré que vous vous donniez la peine de me faire paye de mais lestre de change d'apointements.

Je suis péné des peine dézagréable que cella vous donne je vous prie dans tirré se que vous pouré que cella ne vous donne pas de difficulte dans votre service qui est essentielle a la patrie.

Vous manveré se que vous zorré pu en tirré, par lavoie que mon coussin votre frere qui vous Ecrit a se sujet, Tranché sur toutes les difficulte, je m'en raporte à votre intelligence vous me Rendré service dont je n'oubliré pas dans ma petite situation.

Nous avons reçû plusieur coup de vent, lénemis étant sur nos cottes Empeche le cabotage des Illes voissines pour avoire des vivre domestique dont nous somme a cour.

Mais respects a ma cousine votre Epouse a vos enfans Je vous souhaitte une Bonne santé qui sera toujour respectable a notre patrie.

Voyez aussi, page 50 de cet ouvrage, une fable en prose, que je rapporte exactement telle qu'elle a été écrite sous ma dictée par un jeune homme de quinze ans, qui venait de recevoir un prix d'orthographe dans une pension de Paris ; et page 57, un morceau de Télémaque, écrit sous ma dictée par un employé obligé de rédiger tous les jours des procès-verbaux. Je ne crois pas qu'on puisse desirer plus mauvais pour faire une Cacographie.

Cette nouvelle Cacographie ne diffère des deux autres que dans la manière dont j'ai classé les morceaux à corriger. Elle est divisée en cinq chapitres. Dans le premier, les mots à corriger sont en caractère italique, parceque j'ai remarqué que l'élève connaissant le mot qui est mal orthographié, est presque sûr de le corriger. Dans le second, j'indique seulement devant chaque ligne combien il y a de fautes à corriger dans la ligne ; comme dans celle-ci, qui appartient à la page 29, où l'élève doit trouver les six fautes indiquées, qui sont,

espèCes qu'il S'est asSujettiES, et dont il dispOse à son
  1   2   3   4   5 6

Dans le troisième chapitre, les fautes à corriger ne sont indiquées par aucun signe ; et c'est là que cet ouvrage ne diffère nullement des deux autres. Le quatrième est consacré à des exercices sur l'accord des adjectifs, des verbes, des participes, et sur quelques locutions qui demandent une attention particulière : il s'y trouve aussi quelques fautes contre l'orthographe d'usage. C'est principalement ce chapitre que j'ai augmenté d'un grand nombre d'exercices. Enfin le cinquième chapitre ne contient que des exercices sur la ponctuation, partie généralement très négligée par ceux qui apprennent et par ceux qui enseignent.

Je ne crois pas qu'il y ait beaucoup de gloire à acquérir en faisant un pareil ouvrage, mais encore peut-on le faire plus ou moins bien ; et puisqu'on en a reconnu l'utilité, il me semble que l'essentiel est de le mettre le plus possible à la portée de ceux qui s'en servent.

NOTIONS PRÉLIMINAIRES.

Avant de commencer le corrigé de cette Cacographie, on doit savoir qu'il y a deux sortes de fautes à corriger : les unes sont des fautes contre l'usage, et pour lesquelles on n'a d'autre secours que le dictionnaire quand on est dans le doute ; les autres sont des fautes contre les règles de la grammaire. Les fautes contre l'usage sont les lettres tantôt simples, tantôt doubles. On écrit *abattre, aborder, abonner,* et *abbé, abbesse, abbaye ; apaiser, apercevoir, aplanir,* et *appuyer, appeler, apprendre.* On écrit, *J'appelle, tu appelles,* il *appelle, ils appellent ;* et nous *appelons,* vous *appelez, j'appelais* tu *appelais,* etc.

Ce sont les *e* pour les *a,* les *a* pour les *e.* On écrit, *ardent, ardente, ardemment ; patience, patient, patiemment ;* et *savant, savante, savamment, abondance, abondant, abondamment.*

Les lettres *c, s, t,* se prononcent souvent de même. On écrit par *c façon leçon, maçon, suspicion ;* par *s, version, pension, tension ;* par *t, motion, sujétion, attention.*

Ce sont les homonymes, c'est-à-dire les mots qui ont la même ou à peu près la même prononciation, avec une orthographe souvent très différente ; comme, mon *cher* frère, ma *chère* sœur, un morceaux de *chair,* le prédicateur est en *chaire,* faire bonne *chère,* vendre *cher ; — penser,* à ses amis, *panser* une plaie, *panser,* un cheval ; — un habit *vert,* venez *vers* moi, un *verre* d'eau un poème en *vers ; —* du bois de *hêtre* doit *être* bon pour cet objet ; — la *cour,* d'une maison, un *cours* de mathématiques, un habit *court,* je *cours,* tu *cours,* il *court,* il faut que je *coure ; —* j'ai *faim,* j'ai besoin de manger, j'ai *feint* de ne pas entendre, je suis à la *fin* du volume ; — il y a beaucoup de malades dans les *hospices,* entreprendre quel-

que chose sous les *auspices* de quelqu'un ; — *mes* parents, *mes* amis, on nous a servi un *mets* délicieux, vous
le voulez, *mais* tout le monde ne le veut pas , je *mets*,
tu *mets*, il *met*; — ce n'est ni un baron ni un marquis,
c'est un *comte*, je *comptè* ma recette d'aujourd'hui ,
je *conte* une nouvelle que j'ai apprise.

Les fautes contre les règles sont plus faciles à corriger que les fautes contre l'usage : une règle bien
comprise, vous corrigez avec sûreté des milliers de
fautes contre cette règle. L'orthographe d'un mot
bien connue ne vous est souvent d'aucun secours pour
un autre mot ; quelquefois l'orthographe d'un mot
bien connue , vous connaissez l'orthographe de deux
trois, ou quatre mots qui en dérivent. Connaissant
l'orthographe du mot *vaillance* vous savez écrire
vaillant, vaillante, vaillamment, vaillantise ; mais voilà
tout. Vous connaissez l'orthographe du mot *pru-*
dence: vous savez écrire , *prudent, prudente, prudem-*
ment, et les composés *imprudence, imprudent, im-*
prudente, imprudemmment ; mais cela se borne là:

Résumé de quelques règles dont il faut être bien
pénétré pour corriger avec sûreté les fautes contre la
grammaire.

1°. *Accord de l'adjectif avec le substantif.*

RÈGLE. L'adjectif s'accorde en genre et en nombre avec le substantif: *un grand* appartement, *une*
grande chambre ; *un petit* pays, *une petite* ville; *un*
verre *plein*, *une* bouteille *pleine*, des verres *pleins*, des
bouteilles *pleines*.

Un adjectif qui se rapporte à deux substantifs se
met au pluriel ; si les substantifs sont de différents
genres, l'adjectif se met au pluriel et au masculin.
Quelquefois l'adjectif à la suite de plusieurs substantifs ne s'accorde qu'avec le dernier substantif. (*Voyez*
page 117 *et suivantes de la grammaire française élé-*
mentaire. (1)

---

(1) Grammaire française, par l'auteur de cette cacographie.

(xiij)

Il y a des adjectifs qui s'écrivent au masculin comme au féminin : mon frère est *malade*, ma sœur est *malade*. D'autres s'écrivent au singulier comme au pluriel : du papier *gris*, des cheveux *gris*.

2°. *Accord du verbe avec le sujet.*

RÈGLE. Un verbe s'accorde en nombre et en personne avec son sujet : *je suis*, *tu es*, *il est*; *je veux*, *tu veux*, *il veut*. C'est *moi qui l'ai* dit, c'est *toi qui l'as* perdu; c'est *lui qui est* venu; c'est *elle qui sort* d'ici. (*Voyez page* 128 *et suivantes de la grammaire.*)

Il est important de distinguer le parfait défini de l'imparfait du subjonctif, à la troisième personne du singulier : aux autres personnes on ne peut pas confondre ces deux temps.

Parfait défini : il *entra*, elle *chanta*, ton frère *vint*, ta sœur *partit*, on *attendit*.

Imparfait du subjonctif : je voudrais qu'il *entrât*, on attendait qu'elle *chantât*, il serait nécessaire que ton frère *vînt*, crois-tu que ta sœur *partît* si on l'en priait ? il faudrait qu'on m'*attendît*.

On ne saurait trop étudier la concordance des temps des verbes. (*Voyez pag.* 146 *et suivantes de la Grammaire; et le Traité particulier intitulé*, Concordance des Temps des Verbes).

3°. *Accord du Participe.*

Le participe est une partie du verbe qui mérite une attention particulière.

Le participe présent est toujours terminé en *ant* : c'est un mot invariable employé comme verbe, et variable employé comme adjectif.

Nous avons trouvé cette petite fille *souffrant* la faim depuis long-temps, *déchirant* ses vêtements. Nous allâmes voir cette pauvre femme; nous la trouvâmes bien *souffrante* : elle faisait entendre des cris *déchirants*.

Le participe passé qui n'est accompagné ni du verbe *être* ni du verbe *avoir* est un adjectif qui, comme tous les autres adjectifs, s'accorde avec le substantif auquel il est joint.

Un crayon *taillé*, une plume *taillée*; un cahier *fini*, une page *finie*; un mémoire bien *écrit*, une histoire bien *écrite*.

Le participe passé, accompagné du verbe être s'accorde avec le sujet du verbe.

Mon frère est *venu*, ma sœur est *venue*; cela n'est pas *permis*, cette chose est *permise*.

Quelquefois le verbe être est employé pour le verbe avoir : dans ce cas le participe ne s'accorde pas avec le sujet.

Le participe passé accompagné du verbe avoir, s'accorde avec le complément direct, lorsque ce complément est avant le participe; mais il ne s'accorde jamais avec le sujet ni avec le complément direct, lorsque le complément est après le participe.

On écrit, sans accord avec le sujet :

Mon frère a *chanté*, ma sœur a *chanté*; mon père a *lu*, ma mère a *lu*; il a *parlé*, elle a *parlé*; ils ont *écrit*, elles ont *écrit*.

On écrit, sans accord ni avec le sujet ni avec le complément.

Mon père a *écrit* une lettre, ma mère a *écrit* une lettre; mon frère a *lu* une fable, ma sœur a *lu* une fable; ils ont *fermé* la porte, elles ont *promis* de venir.

Accord avec le complément direct :

Le château *que* j'ai *acheté*, la maison *que* j'ai *vendue*; les arbres *que* j'ai *taillés*, les fleurs que j'ai *cueillies*.

Cet homme, je le connais, je *l'ai vu*; cette femme, je la connais, je *l'ai vue*; ces papiers, on *les a perdus* je *les* ai *trouvés*.

On *m'a vu*, on *m'a entendu*, on *m'a surpris*, si c'est un homme qui parle; on *m'a vue*, on *m'a entendue*, on *m'a surprise*, si c'est une femme qui parle.

Il *nous a vus*, il *nous a entendus*, il *nous a compris*, si le pronom *nous* remplace des êtres masculins; il *nous* a *vues*, il *nous* a *entendues*, il *nous* a *comprises*, si le pronom *nous* remplace des êtres féminins.

Mon frère, je *t'*ai *vu*, ma sœur, je *t'*ai *entendue*; messieurs, je *vous* ai *reconnus*, mesdames, je *vous* ai *averties*.

Il est bien important de ne pas confondre le sujet avec le complément direct. Le sujet est ordinairement avant le verbe, mais quelquefois il est après le verbe; et dans ce cas, les personnes peu exercées le prennent pour un complément.

Il faut écrire,

La lettre *qu'*a *reçue* mon frère,

Comme s'il y avait,

La lettre *que* mon frère a *reçue*.

Que le sujet soit avant ou après le participe, peu importe: c'est avec le complément direct qu'il faut faire accorder le participe, lorsque ce complément est avant le participe.

Dans la plupart des verbes qu'on nomme pronominaux, réfléchis, réciproques, le verbe *être* est employé pour le verbe *avoir*; alors on fait accorder comme si le participe était accompagné du verbe avoir : accord avec le complément direct placé avant le participe; point d'accord avec le sujet, ni avec le complément direct placé après le participe.

Complément direct avant le participe.

Mon frère s'est *blessé*, ma sœur s'est *blessée*, mes frères *se* sont *divertis*, mes sœurs *se* sont *diverties*.

Complément direct après le participe.

Mon frère s'est *coupé le doigt*, ma sœur s'est *cassé la jambe*, mes frères se sont *partagé les soins* de la maison, mes sœurs se sont *promis d'aller* vous voir.

Il y a quelques verbes pronominaux dans lesquels l'analyse ne permet pas de mettre le verbe avoir à la place du verbe être : dans ce cas, on fait accorder avec le sujet.

Il s'est *tu*, *elle* s'est *tue*; *il* s'est *emparé* de ma place, *elle* s'est *emparée* de ma place ; cette *maison* s'est *vendue* cher.

Tout participe qui forme le temps composé d'un verbe impersonnel ou d'un verbe employé impersonnellement, est invariable.

Il y *a eu* plusieurs erreurs dans nos comptes ; les erreurs qu'il y *a eu* dans nos comptes. Il *a fait* bien chaud cette année, les chaleurs qu'il *a fait* cette année.

Souvent le participe est suivi d'un autre verbe : alors le complément direct qui précède le participe est ou le complément du participe, ou le complément du verbe qui suit le participe.

Complément du participe.

Les enfants *que* j'ai *entendus* lire.
La troupe *que* j'ai *vue* passer.
Quelle *peine* j'ai *eue* à venir.
Je *les* ai *envoyés* jouer.

Complément du verbe qui suit le participe.

Les journaux *que* j'ai entendu *lire*.
La troupe *que* j'ai vu *conduire* à l'exercice.
La faute *que* j'ai cru *apercevoir*.
Je *les* ai envoyé *chercher* à leur pension.

Quelquefois, lorsqu'il y a deux verbes de suite, il y a aussi deux compléments directs : il faut donner à chaque verbe le complément qui lui appartient.

Une femme doit écrire :
Les vers QUE *vous* m'avez *entendue* LIRE.
Les fleurs QUE tu m'as *vue* DESSINER.
Les papiers QU'on m'a *surprise* à CACHER.

Voyez pages 94 à 98 de la grammaire élémentaire la manière de bien distinguer le sujet du régime ou complément direct ; page 171 et suivantes, les règles sur l'accord du participe, et le traité particulier intitulé *Traité des Participes*.

CACOGRAPHIE

RANGÉE DANS UN NOUVEL ORDRE.

CHAPITRE PREMIER.

Dans lequel tous les mots à corriger sont en caractère italique.

I.

Un *coque trouvat* par *azart* une perle en *gratant* dans un *fumié ;* il *l'a regetta*, et dit : Un *lapidère renderait grasse au* dieux d'une *tel* fortune : mais une perle me *conviens* si *peut*, que je *mestimerait baucoup* plus *heureu* d'avoir trouvé un *grin* d'orge.

II.

Un chien *traverssait* une *rivierre a* la *naje*, tenant un *morsau* de *chaire* dans sa *geule :* il en vit *l'hombre* dans *l'au*, et *cru* que *s'était quelques* nouvelle *proit*. Aussitôt il *lachat* la *siène*, et *s'élensa ver* ce rien qui lui *s'emblait* être un *mais esquit. Malcureux* que je suis ! *sécryait*–il, en *regrètant se* qui lui était *échaper ;* pour n'avoir *sut men* tenir *a* ce que *j'avait*, j'ai *tous* perdu.

III.

Les *anées*, en *ce renouwellant*, ne *fond* que *mètre* un *seau a* mon *amitiée*. Je *nai* rien *a* vous *souaité*, parceque vous *avés* tout ; je n'ai point de *complimants a* vous *adressé*, parceque vous *éte audesu* des éloges.

IV.

MADAME DE SÉVIGNÉ A SA FILLE.

Vous me *dite* la plus *tandre chause* du monde en *souaitant* de ne pas voir la fin des heureuses *annés* que vous me *souaitées:* nous *somme* bien *loins* de nous *rancontrées* dans nos *souaits;* car je vous ai *mendée* une *véritée* qui est bien juste et bien *a sa plasse*, et que Dieu, *sendoute*, *voudera* bien *exhausser*, qui est de suivre l'ordre tout *naturelle* de sa divine *providanse.* *S'est* ce qui me *consolle* de *tous* le *chemain laborieu* de la *vielliesse.* Ce sentiment est *résonnable;* et le *votre*, trop extraordinaire, trop *émable.*

V.

J'avais *aquit* des droits sur ton cœur, *tû* m'*était nessésaire*, et j'étais prêt *a* t'*allé jouindre.* Que t'*inportes* mes droits, mes besoins, mon *enpressement?* Je suis oublié de toi; tu ne *dègne* plus *mécrire.* J'*aprend* ta vie *solitère* et farouche, je *pénaitre* tes *dessins.* Tu t'*ennuis* de vivre : *meurt* donc, jeune *incensé; meurt*, homme *a* la *foi férosse* et lâche; mais *saches* en mourant que *tu laissé* dans l'ame d'un *honête* homme *a* qui tu *fut chère* la *douleure* de n'avoir *servit* qu'un *ingra.*

VI.

MADAME DE SÉVIGNÉ A SA FILLE.

Il me *s'emble*, ma *cher* enfant, que j'ai *étée trênée* malgré moi *a se* point *fatale ou* il faut *soufrir* la *viellesse:* je la *voit*, *mi* voilà, et je *vouderais* bien *aumoin* ne pas *allé* plus loin, et ne point *avancé* dans ce *chemain* des *infirmi̸ées*, des *douleures*, des pertes de mé-

moire , des *deffigurements* , qui sont *préts* de m'*outra-
gés*. Mais j'*entens* une *voie* qui dit: Il faut *marché
malgrés* vous ; *où* bien , si vous ne *voulés* pas , il faut
mourrir , qui est une autre *extrémitée aquoi* la nature
répugne. Voilà *pour tant* le *sor* de *tous* ce qui *avense* un
peu trop : mais un retour *a* la *volontée* de Dieu , et *a*
cette *loix universel* qui nous est *imposé*, *remait* la raison
à sa *plasse* , et fait *prandre passiance*. Prenez *là* donc ,
ma très *cher* , et que *vôtre amitiée* trop *tandre* ne vous
face point *jetter* des larmes que votre raison doit
condamnéc.

VII.

Les Romains (1) ont *avouer* que la *vertue* militaire
c'était *étinte* parmi eux *a* mesure qu'ils *avait commancé*
a se *connétre* en *tableau*, en *gravure*, en *vase* d'*orféverie*,
et *a cultivé* les *baux*-arts ; et , comme si cette *contré*
fameuse était *destiné a scrvire* d'*example* aux *autre* peuples , l'*ellévation* des Médicis et le rétablissement des
lettres *on faits tombé de rechef* , et *peut étre* pour *toujour* , cette réputation *guérrière* que l'Italie semblait
avoir *recouvré* , il y *à quel que sciècle*.

VIII.

Une aigle avait fait *sont nit* sur un *chaîne*. Au *pié* de
cette *harbre*, un renard *nourisait ces* petits , et *tout*
deux *semblait s'entraimés*. Un jour que le *dernié* était
allé *cherché* pâture , l'aigle fondit *tout a cou* sur les
petits du renard , les *enlcvat*, et en fit *curé a* ses *églons*.
L'autre , de retour , *reconnu* la *perfidi* de sa voisine ,

---

(1) Les noms propres seront toujours écrits correctement.

et en *fût* outré ; mais comme il ne pouvait *atindre* son *énemie*, *tous* ce qu'il *pu* faire *alor se fût* de *remètre au* dieux le soin de sa *vangence*. Ils ne *laissairent* pas *lontemps* cette *méchansetée inpuni*; car quelque jours *à près*, l'aigle, qui avait *remarquer* que des laboureurs *sacrifiait* une chèvre sur l'*hôtel* de leur dieu, *veint* en enlever un *morçau ou quelque* charbons en *feux c'était attaché*, et les *emportat* dans son *nit*. Comme il n'était fait que de paille et d'*autre* matières combustibles, il *s'embrasat dabort* : et les aiglons *tombairent a* terre. Alors le *renart*, qui se tenait *aux piés* du *chaîne*, se *jetta* sur eux, et rendit la *pareil* à l'aigle, en les *crocants* tous *lun à près* l'autre.

IX.

Charles-Simon Favart *n'aquit a* Paris le *tréze novenbre mille* sept *rents* dix. Son père était *patissié* : grand amateur de l'opéra-*commique*, il faisait des *couplaits* avec *facillitée*. *S'est* à lui qu'on doit l'*invansion* des *échodés* : lui-même il *sélébra* sa découverte dans une chanson qui *na* pas *étée ausi* heureuse que le *suget*, car elle ne nous est pas *parvenu*. Le jeune Favart *apris* l'état de son père ; *se* qui *n'empêchât* pas qu'on ne lui *fit* faire *ces* études. Comme *sont* père, il faisait alternativement, *où* tout *a la foi*, des petits *patées* et des *coupelets*. Du couplet il *s'elleva* biéntôt *a* l'opéra-*commique* : il donna au *téâtre* de la Foire plus de *vingts* pièces avant la Chercheuse d'esprit, la première qu'il *est* avouée et fait *imprimée*.

X.

Les *cerpents parraisent privé* de tout *moyens* de ce

mouvoirs, et uniquement *destiné a* vivre sur la place *ou* le *hazar* les *fais naitres*. *Peut* d'*animeaux cepandant on* les mouvements *ausi pront*, et *ce transporte* avec autant de vitesse que le *cerpent* ; il *égal* presque, par sa *rapiditée*, une flèche *tiré* par un *bra* vigoureux, *l'orsqu'il sélence* sur sa *proit*, *ou* qu'il *fui* devant son *énemi* : *chaqu'une* de *ces* parties devient *alor* comme un *resor* qui se *débende* avec *violance* ; il *s'emble* ne toucher *a* la terre que pour en *rejaïr* ; et, pour *insi* dire, *s'encesse* repoussé par les *cors* sur *lesqu'elles* il *s'apuit*, on dirait qu'il nage au *millieu* de l'aire en rasant la *surfasse* du *terrin* qu'il *parcoure*. S'il veut *s'ellever encor d'avantage*, il le dispute *a plusieures* es-pèces d'*oisaux*, par la *facilitée* avec *la qu'elle* il parvient *jusqu'au* plus haut des *harbre*, *au tour des quels* il roule et déroule son *corp* avec tant de *prontitude*, que l'*œuil* a de la peine *a* le suivre : *souvant* même, lorsqu'il ne *chenge* pas *encor* de place, mais qu'il est prêt *a sélencé*, et qu'il est *ajitté* par *quelle qu'affections vives*, il *n'apuit* contre terre que sa *queu*, qu'il *repli* en contours *cinueux* ; il redresse avec *fièreté* sa tête ; il *relaive* avec vitesse le *devent* de son *corp* ; et, le retenant dans une *atitude* droite et *perpandiculaire*, bien loin de *parraître* uniquement *destiner* à *remper*, il offre l'image de la force, du *courrage*, et d'une sorte d'*empir*.

XI.

Tant que les hommes *ce contantèrent* de *leur caban-nes* rustiques, tant qu'ils *ce* bornèrent *a coudrent* leurs *abits* de *paux* avec des épines *où* des *arrêtes*, *a* se *paré* de plumes et de *coquiliages*, à se *pindre* le *corp* de *divers couleures*, *a perfectioner* ou *embélir* leurs *arques* et leurs flèches , *a taillier* avec des pierres *tranchante quelque canaux* de pêcheur ou *quelque grossiés* instruments de musique ; en un mot , tant qu'ils ne *sapliquèrent* qu'*a* des ouvrages qu'un *seule* pouvait faire et qu'*a* des arts qui n'*avait* pas *besoins* du *concourt* de *plusieures* mains , *ils vaicurent* libres , *seins* , bons , et heureux , *au tant* qu'ils *pouvait* l'être par leur nature , et continuèrent *a jouirent* des *douceures* d'un *comerse indépandant :* mais *des* l'instant qu'un homme *eût* besoin du *secour* d'un autre , *des* qu'on *sappersut* qu'il était *util a* un *seule* d'avoir des provisions pour deux , l'*égalitée disparue* , la *propriétée s'introduisie* , le *travaille deveint nessécaire* , et les vastes forêts *ce changairent* en des campagnes riantes qu'il *falût aroser* de la *sueure* des hommes , et dans *les quels* on vit bientôt *lesclavage* et la misère *germèrent* et *croîtrent* avec les moissons.

XII.

A l'*égare* des maladies , je ne *répetterai* point les *veines* et *fosses* déclamations que font contre la *medesine* la *plus part* des gens en *séntée ;* mais je demanderai s'il y a *quelle qu'observations* de *laquel* on puisse conclure que , dans les *païs ou cette* art est le plus *néglïjé* , la vie *moyène* de l'homme *soie* plus courte que dans ceux *ou* il est cultivé avec le plus de soin. Et comment *ce la pourait*-il être , si nous nous donnons plus de *meaux* que la *médesine* ne *peu* nous *fournire* de remèdes ? L'extrême *innégalitée* dans la manière de vivre , l'*exès* d'*oisivetée* dans les *un* , l'*exès* de *travaille* dans les autres , la *facilitée d'iriter* et de satisfaire nos *apétis* et notre *censualité* , les aliments trop *recherché* des riches , qui les *nourrisse* de sucs *échoffant* et les acables d'*indigétions* , la mauvaise *nouriture* des *peau-vres* , dont ils *manques* même le plus *souvant* , et dont le *défaux* les *portent à surchargé* avidement leur *estomat* dans l'*ocasion* , les veilles , les *exès* de *tout espèces* , les transports immodérés de *toute* les passions , les fati-gues et l'épuisement d'esprit , les *chagrains* et les peines sans *nombres* qu'on *éprouvent* dans *tout* les états, et dont les ames sont perpétuellement *rongés : voilà* les funestes *garands* que la *plus part* de nos *meaux* sont *nôtre* propre ouvrage , et que nous les aurions presque tous *évité* en *concervant* la manière de vivre simple , uniforme , et *solitère* , qui nous *étaient prescritte* par la nature.

XIII.

La terre , *abandoné* à sa *fertilitée naturel* , et cou-verte de forêts *immences* que la *cogné* ne *mutilat* ja-mais , offre *a chaques* pas des *magazins* et des retraites aux *animeaux* de *tout espèces.* Les hommes, *dispercés parmis* eux , *observes* , *imites* leur industrie , et s'*ellèvent insi jusqua l'instint* des bêtes ; avec *cette avantage* que chaque *espesse* n'a que le sien propre, et que l'homme n'en *n'*ayant *peut étre auqu'un* qui lui *apartiène* , se les *approprient* tous , se *nourit égallement* de la *plus parts* des aliments *diverts* que les autres *animeaux ce partages,* et *trouvent parconséquant* sa subsistance plus *ésément* que ne *peux* faire *auqu'un* d'eux.

Acoutumé des l'*anfance* aux *intenpairies* de l'*aire* et à la *rigeur* des saisons , *exercé* à la fatigue , et *forcé* de *deffendre nud* et sans armes leur vie et leur *proix* contre les autres bêtes *férosses* , ou de *leurs échaper a* la *cource* , les hommes se forment un *tempéramment* robuste et presque *innaltérable ;* les enfánts *, aportant* au monde *l'exelante* constitution de leurs pères *,* et la fortifiant par les mêmes *exercisses* qui *l'on produites ,* acquèrent *insi* toute la *vigeur* dont l'espèce humaine est capable. La nature en use avec eux comme la *loix* de Sparte avec les enfants des *cytoyens :* elle rend *fort* et *robuste* ceux qui sont bien *constitué,* et fait *périre tout* les autres.

<h3 style="text-align:center">XIV.</h3>

Tu *est* le *suget* de *toute* les *conversasions* d'Ispahan ; on ne parle que de ton *dépare.* Les *un l'atribut* à une *légerté* d'esprit ; les autres, à quelque *chagrain :* tes amis *seul* te *deffendes ,* et *il* ne *persuade* personne. On ne *peux* comprendre que tu *puisse quitter* tes *fames ,* tes parents *,* tes amis *,* ta patrie *,* pour *aler* dans des *climas inconus* aux Persans. La mère de Rica est *inconsollable ;* elle te *demandes* son fils, que tu lui *a , di-t-elle ,* enlevé. Pour moi, mon *chère* Usbek *,* je me *sents* naturellement porté *a aprouvé tous se* que tu *faits :* mais je ne saurais te *pardoné* ton *abcense ;* et *quelles que* raisons que tu *men puisse* donner, mon cœur ne les *goutteras* jamais. *Adieux. Aimes*-moi *toujour.*

<h3 style="text-align:center">XV.</h3>

Ta lettre *ma étée* rendue à Erzeron *, ou* je suis. Je *métais* bien douté que mon *dépar* ferait du *brui ;* je ne *men* suis pas mis en peine. Que *veut* tu que je suive ? la *prudanse* de mes *énemis ,* ou la *miène ?*

Je parus *a* la *coure des* ma plus tendre jeunesse : je puis le dire, mon cœur ne *si corompit* point ; je *formé* même un grand *dessin*, j'osé y être *vertueu. Des* que je connus le vice, je *men éloigné;* mais je *men aproché* ensuite pour le *démasqué.* Je *porté* la *véritée* jusqu'aux *pieds* du trône, *ji parlé* un langage jusqu'*a* lors *inconu;* je *déconserté* la *flaterie*, et j'*étonné* en même *tant* les adorateurs et l'*idol.*

Mais *quant* je vis que ma *cincérité* m'*avais fais des énemis;* que je m'étais *atiré* la jalousie des ministres sans avoir la *faveure* du prince ; que, dans une *coure corompu*, je ne me soutenais plus que par une *feible vertue*, je *résolu* de *l'a quittée.* Je *fégnis* un grand *atachement* pour les *siences;* et *a* force de le *findre*, il me *veint* réellement. Je ne me *mellai* plus d'aucunes affaires, et je me *retirrai* dans une maison de campagne. Mais ce *partie* même avait *ces* inconvénients. **Je** restais *expausé* à la *malisse* de mes *énemis*, et je m'*était* presque *auté* les moyens de *men garantire. Quelsques* avis *secret* me firent *panser a* moi sérieusement : je *résolu* de m'*exiller* de ma patrie ; et ma *retrète* même de la *coure men* fournit un *prétexe piosible.* J'alai au roi ; je lui marquai l'*envi* que j'avais de m'instruire dans les *siences* de l'occident : je lui *incinuai* qu'il *pourait tiré* de l'*utilitée* de mes voyages. Je trouvai *grasse* devant ses *ieux : je parti*, et je dérobai une victime *a* mes *énemis.*

Voilà, Rustan, le véritable *motife* de mon voyage. *Laisses* parler Ispahan ; ne me *deffend* que devant ceux qui m'*aime. Laisses* à mes *énemis* leurs interprétations *malines;* je suis trop heureux que *se soie* le *seule* mal qu'ils me *puisse* faire.

On parle de moi *aprésent : peut être* ne *scraije* que trop oublié, et que mes amis.... Non, Rustan, je ne *veut* point me, livrer *a* cette *pansé* : je *leurs* serai *toujours chère* ; je *conte* sur leur *fidellité* comme sur la tienne.

XVI.

Nous sommes *aprésent* à Paris, cette superbe *rival* de la *vile* du Soleil.

Lors que je *parti* de Smyrne, je *chargai* mon ami Ibben de te faire tenir une *boitte ou* il y avait *quels que* présents pour toi : tu *recevera* cette lettre par la même *voix*. *Quoi qu'*éloigné de lui de cinq ou six *cent lieux*, je lui *donne* de mes nouvelles et je *resois* des siennes *ausi facillement* que *sil* était *a* Ispahan et moi à Com. J'*envois* mes lettres à Marseille, d'*ou* il *pare continuelment* des *vessaux* pour Smyrne : *delà* il *envoit* celles qui sont pour la Perse par les *caravannes* d'Arméniens qui partent *tout* les jours pour Ispahan.

Rica *joui* d'une *sentée parfaitte* ; la force de sa constitution, sa jeunesse, et sa *gaitée naturel*, la *mette audesus* de *toute* les épreuves!

Mais pour moi, je ne me porte pas bien ; mon *corp* et mon esprit sont *abatu* ; je me livre à des *réflections* qui deviennent *tout* les jours plus *triste* ; ma *sentée*, qui *s'aféblit*, me tourne *ver* ma patrie, et me *rends* ce pays-ci plus *étrangé*.

Mais, cher Nessir, je te conjure, *faits ensorté* que mes femmes *ignore* l'état *ou* je suis. Si elles m'*aime* je *veux épargné leur* larmes ; et si elles ne m'*aimes* pas, je ne veux point *ogmenté leur ardiesse*.

Si mes *uniques* me *croyiait* en *dangé*, *sils* pouvaient *espéré* l'*inpunitée* d'une lâche *conplaisance*, ils *sesseraient* bientôt d'être *sourts* à la *voie flateuse* de ce *sexce* qui *ce* fait entendre *au rochés* et *remu* les choses *innanimés*.

XVII.

Quoi que les *neigres ayent peut* d'esprit, ils ne laissent pas d'avoir *baucoup* de sentiment ; ils sont *gaies* ou mélancoliques, *laborieus* ou *fénéants*, amis ou *énemis*, *celon* la manière dont on les *traitent*. *Lors qu'on* les *nouris* bien et qu'on ne les *maltraitent* pas, ils sont *contants*, joyeux, *près* à *tous* faire, et la satisfaction de leur ame est *pinte* sûr leur visage ; mais quand on les *traitent mals*, ils *prènent* le *chagrain* fort *a* cœur, et périssent *quelques fois* de mélancolie. Ils sont donc *forts sensible* aux *biens faits* et aux outrages, et ils portent une *hêne mortel* contre ceux qui les ont *maltraité. L'orsqu'*au contraire ils *s'afectionent* à un *métre*, il *ni* a rien qu'ils ne *fusses capable* de faire pour lui *marqué leurs* zèle et leur *dévoument*. Ils sont naturellement compatissants, et *mêmes* tendres pour leurs enfants, pour leurs amis, pour leurs *compatriottes ;* ils partagent *volontié* le *peut* qu'ils ont avec ceux qu'ils *voyent* dans le besoin, sans même les *connaîtres* autrement que par leur *indigeance.* Ils ont donc, comme *lon* voit, le cœur *exellant ;* ils ont le *jerme* de *toute* les *vertues.* Je ne *puix* écrire leur *istoire s'en* m'*atendrir* sur leur état : ne sont-*il* pas *assés maleureux* d'être *réduit a* la *cervitude*, d'être *obligé* de *toujour travaillier sens* pouvoir jamais rien *aquérire ?* Faut-il *encor* les *exéder*, les *fraper*, et les traiter comme des *animeaux ?* *L'umanité* se révolte contre *ses* traitements *audieux* que l'*aviditée* du *guain* a mis en usage, et *quelle renouvelerait peut être tout* les jours si nos lois n'avaient pas mis un *frain* à la *brutalitée* des *métres*, et *reseré* les limites de la *miserre* de leurs *exclaves.* On les *forcent* de *travaille*, on leur *épargnent* la *nouriture*, même la plus *comune*. Ils supportent, *di-t-on*, très *ésément* la *fuin:* pour vivre trois jours, il ne *leurs fauts* que la portion d'un Européen pour un *repa;* *quel que* peu qu'ils mangent et qu'ils dorment, ils sont *toujour égallement dures, égallemant* forts au *travaille*. Comment des hommes *a* qui *ils restent* quelque sentiment d'*umanitée* peuvent-ils adopter *ses* maximes, en faire un *préjuger*, et chercher *a* légitimer par *ses* raisons les *exès* que la *soife* de l'or *leurs faits comettre!*

XVIII.

DES MOMIES.

Les momies dont il est ici question sont des *cors embeaumés* : on donne particulièrement *se* nom *a* ceux qui ont été *tiré* des *tombaux* des Égyptiens ; mais on a *ettendu* plus *loing* la signification de ce mot, en *appelant ausi* du nom de momie les cadavres qui ont *étés déséché* dans les sables *brulant* de l'Afrique et de l'Asie. A proprement *parlé*, on ne *deverait donné se* nom qu'*au cors enbeaumés*, et *peut être* faudrait-il de plus qu'ils *ussent étés conservé* dans *cette* état pendant un *lon-temps* pour être *insi nommé;* car je ne crois pas qu'on puisse dire que les *cors* qui ont été *embeaumé* en Europe dans le *sciècle* présent *soit* des momies; *quant* même ils auraient été *insi conservé de puis plusieur sciècles* partout *alieur* qu'en Égypte, *peut être* y *auraient-ils* des gens qui *ésiteraient* à les *reconnaîtres* pour des momies, *par ce qu*'on n'en *n'a* presque jamais *eut* qui ne soient *venu* de l'Egypte, et *par ce* qu'on *pourait* croire que la bonne composition des momies, c'est-à-dire la *mélieur fason* d'*embeaumé* les cors, n'aurait *étée* bien connue que par les Égyptiens. Il est *vraie* que *cette* usage a été *générale* dans cette nation, *tout* les morts y étaient *embeaumés*. Et les Égyptiens *savait s'y* bien faire les *embeaumements*, que *lon* trouve dans leurs *tombaux* des corps qui ont *étés* conservés *de puis* plus de deux *milles* ans. *Ses* faits *prouves scullement* que les momies de l'Égypte *pouvait* être *mélieures* que *celle* des autres *païs*, soit pour leur *duré*, soit pour les *propriétés* que l'on *voudraient* leur *atribués;* mais au *font tout* les corps *embeaumés de puis lontemps* sont de *vrai* momies, *quelques soit* les pays *ou* ils se trouvent, et *quelque* soit la composition de l'*embeaumement*.

XIX.

LETTRE DE MADAME DE MAINTENON.

Imaginez-vous, madame, qu'*hyer* après avoir *marcher* six *heurs* dans un *assés bau chemain*, nous *vimes* un *chatau bâtit* sur un *roque* qui ne nous *paru* pas fort *logable*, *qu'en* même on nous y *auraient guidé*. **Nous** *aprochame* sans *trouvé* de *chemain* pour aborder : nous *vimes* enfin *aux pieds* de ce *chatau*, dans un abîme, et comme dans un *puit* fort *profont*, les *tois* de *nombres* de petites maisons qui nous parurent des *poupés environés* de *tout* côtés de *rochés afreux* par leur hauteur; ils paraissent de *fert*, et sont tout—a—fait *escarpé*. Il *falut dessendre* dans cette *horible abitation* par un chemin non moins *horible*. Les *carosses faisait* des *sots* à rompre *tout* les *resors;* les dames ce prenaient à *tous* ce qu'elles *pouvait atrappées*. Nous *dessendimes* après un *quar—d'heur* d'*effroit*, et nous tombâmes dans une *vile composé* d'une rue qui *sappelle* la grande., quoique deux *carosses ni* puissent passer de *frond*. En *plain* midi on y voit *goute*; les maisons sont effroyables; l'eau y est *movaise*, et le vin rare; les *boulangés* ont ordre de ne *cuirent* que pour *l'armé*, et de *l'aisser* mourir de *fain* tout le reste : on porte tout au *can*. Il y pleut *a verce de puis* que nous y sommes. Je n'ai *encor vue* que deux églises; *elle* sont au premier étage, et *lon* y saurait entrer que par *sivilitéc*. On nous dit un *salue* avec une si *movaise* musique, et un *ensens* si parfumé, si abondant, et si *continuelle*, que nous ne nous *vime* plus les *un* les autres. Je ne vous *dit* rien de la *salletée* des rues; mais en vérité le roi *a* grand *tord* de prendre de *pareille* villes.

XX.

LE CALME AU MILIEU DE L'OCÉAN.

Dix fois le soleil fit son tour sans que le *vant fut apèsé*. Il tombe *en fin*, et bientôt après un calme *profont* lui succède. Les ondes, *violament émus*, se *balansent lontemps encor* après que le *vant à sessé*. Mais *insenciblement* leurs *sillions s'applanissent*; et sur une mer *immobille*, le *navir* comme *euchêné*, cherche *innutilement* dans les airs un *soufle* qui l'ébranle; la *voille*, *cents* fois *déployé*, retombe *cents* fois sur les *mats*. L'onde, le ciel, un *orison* vague, *ou* la vue *à bau* s'enfoncer dans l'abîme de l'*étendu*, un vide *profont* et sans bornes, le *cilence* de l'*immencitée*; voilà *se* que présentent aux matelots ce triste et *fatale émisfère*. *Consterné* et *glacé d'effroit*, ils demandent au ciel, des orages et des *tempettes*, et le ciel, devenu d'*érin* comme la mer, ne *leurs ofres* de *toute* parts qu'une affreuse *séreinité*. Les jours , les nuits , *s'écoules* dans ce repos funeste : ce soleil , *don l'écla n'aissant* ranime et *rejoui* la terre ; *ses étoilles* , dont les *nochés* aiment à voir *brillier* les feux *étincellant ;* ce liquide *cristale* des *aux* , qu'avec tant de plaisir nous *contamplons* du rivage , *lors qu'il réfléchi* la lumière et *répette l'asure* des cieux , ne *forme* plus qu'un spectacle funeste : et tout *se* qui , dans la nature , *anonse* la paix et la joie, ne *portent* ici que l'épouvente , et ne *présagent* que la mort.

Cependant les vivres *s'épuises*, on les *réduits* , on les *dispancent* d'une main avare et sévère. La nature , qui voit *tarrir* les *sourses* de la vie , en *devien* plus avide : et plus les *resources diminues* , plus on *sant* croître les besoins. A la *dizète en fin* succède la famine, *fléot térible* sur la terre , mais plus *térible milles* fois sur le vaste abîme des *aux :* car *aumoin* sur la terre *quelle que lueure d'espérence* peut *abusé* la *douleure* et *soutenire* le courage : mais au *millieu* d'une mer *immanse,* solitaire et *environé* du *néan* , l'homme , dans l'aban-don de toute la nature , *na* pas même l'*ilusion* pour le sauver du *désespoire :* il voit comme un abîme l'*espasse épouventable* qui l'éloigne de tout *secour ;* sa *pensé* et ses *veux si* perdent : la *voie* même de l'*espérence* ne peut *arivée j'usqu'*à lui.

Les premiers *accèts* de la *fain ce* font *santir* sur le *vessau : cruel* alternative de *douleure* et de rage, *ou* l'on voyait des malheureux *étendu* sur les *bans* , lever les mains *ver* le ciel avec des *plintes lamantables* , ou *courrir* éperdus et furieux de la *prou* à la poupe , et demander *aumoin* que la mort *vint* finir *leur meaux !*

XXI.

LE SONGE DE MARC-AURÈLE.

Je *voulu* méditer sur la *douleure* : la nuit était déjà *avencé* ; le besoin du *someille fatigait* ma paupière ; je *lutai quelques* temps ; enfin je fus obligé de *séder*, et je m'*assoupi* ; mais dans *cette intervale* je crus avoir un songe. Il me *s'embla* voir dans un vaste portique une multitude d'hommes *r'assemblés* ; ils avaient *quelle que* chose d'auguste et de grand. *Quoi que* je *n'usse* jamais *vaicu* avec eux, leurs *trais pour tant* ne m'*était* pas *étrangés* ; je *cru* me *rappelé* que j'avais *souvant* contemplé leurs *statuts* dans Rome. Je les *regardaient* tous *quant* une *voie* terrible et forte *retentie* sous le portique : Mortels, apprenez a souffrir ! Au même instant, devant *lun*, je vis *salumer* des *flâmes*, et il y *pausa* la main. On *aportat a* l'autre du poison ; il but, et fit une libation *au* dieux. Le troisième était *de bout au près* d'une *statut* de la *libertée* brisée, il tenait d'une main un livre, de l'autre il prit une *épé*, dont il regardait la pointe. Plus *loing*, je *distingué* un homme tout *senglant*, mais calme et plus *tranquil* que *ces bouraux* ; je *courrus* à lui, en *mécriant :* « Oh Régulus ! *esse*-toi ? » Je ne *pu* soutenir le spectacle de ses *meaux*, et je *détourné* mes *regarts*. Alors j'*apperçu* Fabricius dans la *pauvretée*, Scipion mourant dans l'*exile*, Épictète écrivant dans les *cheines*, Sénèque et Thraséas les *vaines* ouvertes, et regardant d'un *œuil tranquil* leur sang *coulé*. Environné de tous *ses* grands hommes *maleureux*, je versais des larmes ; ils *parrurent étonés*. L'un *deux, se fût* Caton, *aprochat* de moi, et me *dis :* « Ne nous *plaints* pas, mais *imites* nous ;

et toi *ausi*, *aprens* à *vincre* la *douleure !* » Cependant il me *parus* prêt *a* tourner contre lui le *ferre* qu'il tenait à la main ; je *voulu* l'*aretter*, je frémis, et je m'*éveilliai*. Je *réfléchi* sur ce *sonje*, et je *consu* que ces prétendus *meaux* n'*avait* pas le droit d'*ébranlé* mon courage : je *resolu* d'être homme, de *soufrir*, et de faire le bien.

XXII.

LE LEVER DU SOLEIL.

On le voit s'*anoncer* de loin par les *trais* de *feux* qu'il *lence audevent* de lui. L'*incendi ogmante*, l'oriant paraît tout en *flámes :* à leur éclat on *atent* l'astre long-temps avant qu'il *ce* montre, à chaque *instants* on croit le voir *parraître*, on le voit *en fin*. Un point *brilliant pare* comme un *éclaire*, et remplit aussitôt *tous* l'*espace :* le *voil* des *ténaibres séface* et tombe ; l'homme *reconait* son séjour, et le trouve *embélit*. La verdure a *prit*, durant la nuit, une *vigeur* *nouvelle ;* le jour naissant qui l'*éclair*, les *premiés* rayons qui la *dore*, la *montre* couverte d'un brilliant *rézau* de *rosé*, qui réfléchit à l'*œuil* la lumière et les *couleures*. Les *oisaux* en *cœur*, se réunissent et saluent, de *consert*, le père de la vie ; en ce moment pas un *seule* ne se tait. Leur *gasouillement*, faible encore, est plus *lant* et plus doux que dans le reste de la *journé :* il *ce sant* de la *langeur* d'un *pésible réveille*. Le *concourt* de tous ces *obgets portent* aux *sans* une impression de *fraicheure* qui semble *pénétré jusqua* l'ame. Il y *à la* une *demie-*heure d'enchantement, *au quel* nul homme ne résiste : un spectacle si grand, si *bau*, si *délisieux*, n'en *laissent auqu'un* de *sens froit*.

XXIII.

J'ai *recu* une lettre de ton *neveux* Rhédi : il me *mende* qu'il *quite* Smyrne, dans le *dessin* de voir l'Italie ; que l'unique but de son voyage est de s'instruire, et de se *randre* par *la* plus digne de toi. Je te *félicites* d'avoir un *neveux* qui sera *quelques jours* la consolation de ta *viellesse*.

Rica t'écrit une longue lettre, il *mas dis* qu'il te *parlais baucoup* de ce *païs-cy*. La *vivassité* de son esprit fait qu'il *sésit* tout avec *prontitude :* pour moi, qui *panse* plus *lantement*, je ne suis en état de te rien dire.

Tu *est* le sujet de nos *conversasions* les plus *tandre :* nous ne pouvons *assés parlé* du bon *acceuil* que tu nous *à faits* à Smyrne, et des *servisses* que ton *amitiée* nous *rends tout* les jours. *Puisse-*tu, généreux Ibben, trouver *par tout* des amis *ausi reconnaissant* et *ausi fidèls* que nous !

*Puissai-*je te revoir bientôt, et retrouver avec toi *ses* jours heureux qui *coullent* si *doussement* pour deux amis !

XXIV.

PENSÉES.

La passion fait *souvant* un *foux* du plus *habille* homme, et rend *souvant habille* les plus *sauts.* — L'*orgeuil* se *dédomage toujour*, et ne *pert* rien, lors même qu'il renonce à la *vanitée.* — L'*orgeuil à* plus de *par* que la *bontée au* remontrances que nous faisons *a* ceux qui *comettent* des fautes; et nous ne les *reprennons* pas tant pour les en *corigés*, que pour *leurs persuadé* que nous en sommes *exants*. — Le caprice de notre *humeure* est encore plus *bisare* que *ce lui* de la fortûnê. — *Quoi que* les hommes se *flatent* de *leur* grandes actions, *elle* ne sont pas *souvant* les *éfets* d'un grand *dessin*, mais les *éfets* du *hazart*. — Le *cilence* est le *partit* le plus *sure* pour *ce lui* qui *ce défit* de soi-même. — Les *défaux* de l'esprit *ogmente* en *viellissants* comme ceux du visage. — Le *desire* de paraître *abile* empêche *souvant* de le devenir. — Nous plaisons plus *souvant*, dans le *comerce* de la vie, par nos *défaux* que par nos bonnes *calitées*. — *Tout* ceux qui *saquites* des devoirs de la *reconnessance* ne peuvent pas pour *ce là* se *flaté* d'être *reconnessant*. — *S'est* une grande *abileté* que de savoir *caché* son *abileté*. — Il y *à* des personnes à qui les *deffauts siént* bien, et d'autres qui sont *disgrassiés* par leurs bonnes *calitées*. — L'*honeur aquit* est *cotion* de celui qu'on doit *aquérir*. — Il y a des *faustées* déguisées qui *représente* si bien la *véritée*, que *se* serait mal *jugé* que de ne *si* pas *laissé* tromper. — La modération est comme la *sobriétée* : on voudrait bien *mangé d'avantage*, mais on *craind* de se faire mal. — L'esprit nous *serre quelques fois* à faire *ardiment* des *sotises*. — La *grasse* de la *nouvauté* et la longue *abitude*, *quelles qu'opposés* qu'elles soient, nous *empêche égallement* de sentir les *défaux* de nos amis. — Ce qui *rand* les *douleures* de la honte et de la jalousie si *égues*, *s'est* que la *vanitée* ne peut *servire a* les *supportées*. — Le même *orgeuille* qui nous *fais blâmés* les *deffauts* dont nous nous *croïons exants* nous *portent* à *méprisé* les bonnes *calités* que nous n'avons pas. — *Toute* nos *qualitées* sont *insertaines* et *doutteuses* en bien comme en mal, et elles *sonts presques* toutes *a* la mercie des *ocasions*. — *Quelques* méchants que *soit* les hommes, ils n'*auseraient paraîtres ennemi* de la *vertue*, et *l'orsqu'ils* la *veullent* persécuter, ils *fègnent* de croire qu'elle est *fauce*, ou ils lui *suppose* des crimes. — La jalousie est le plus grand de *tout* les *meaux*, et celui qui fait le *moin* de *pitiéé* aux personnes qui le *cose*. — *Peut* d'esprit avec de la droiture *ennuit moin a* la longue, que *baucoup* d'esprit avec du *traver*. — Le *nofrage* et la mort sont moins *funeste* que les *plésirs* qui *ataques* la *vertue*. — Dans les conversations et *a* table, j'ai *toujour* été *ravit* de trouver un homme qui *voulu prandre* la *paine* de *brillier* : un homme de *cet espesse présante tousjours* le *flan*, et *tout* les autres sont sous le *bouclié*. — Rien ne m'amuse plus que de voir un *compteur enuyeux* faire une *istoire circonstancié* sans *cartier* : je ne suis pas *atentife a l'istoire*, mais *a* la manière de la faire. Pour la *plus parts* des gens, j'aime *mieu* les *aprouvés* que de les *écoutés*.

CHAPITRE II.

Dans ce chapitre, j'indique par un chiffre, placé devant chaque
  ligne, combien il y a de fautes à corriger dans la ligne : il y a
  quelquefois plusieurs fautes dans le même mot.

I.

2 Un homme carressait un petit chien en présance
5 de son âne. Celui ci anvyait le bonneur du premié.
4 Que fait se chien, disait il en luimême, pour mérité
4 les carresses de nôtre mêtre? Quelques fois il lui
5 donne la pate : et bien ! s'il ne tien qu'a celà pour
4 sans faire aimé, je serai bientôt tout ausi heureu
2 que ce petit annimal. Cela dit, il se lève sur ces
3 piés de dérière, et présante lourdement ceux de
5 devent a son maitre. Celui-ci, fort surprit, rebutta
4 des careisses si grosières, et appella ses valais, qui
5 acourrurent, et payairent a grands cous de bâton
4 la sivilitée du beaudais.

II.

3 Un jour le pan trétait la gru avec profusion.
4 Comme la bonne chaire commensoit à l'échôfer,
5 il se mit a discourrir de se qui le distaingoit des
4 autres oisaux. En suite, pour montrer a son ami
3 qu'elles aventages il avait sur elle, il étalla sa
3 queu, et lui en fit remarqué la bigarure. Voisin,
3 lui dit la grue, piqué de la vanitée de son haute,
  je conviens avec vous que mon plumage est, en
3 bautée, fort audesous du votre ; mais quand je

3 faits réflection que tandis que vous ne vollez
3 qu'avec paine sur le toi d'une maison , je m'ellève ,
4 moi , audessu des nus , je men console , je vous
1 jure , fort ésément.

III.

J. B. ROUSSEAU A M. BOUTET.

3 Je vous aurait prévenus , mon sieur , et vous
4 auriez reçut , il y à lontemps , mes compliments a
5 locasion de la nouvel anée , si la distingtion des
5 tems faisaient quelle que chose a mon amitiée , et
5 s'y j'étais de ses gens qui on besoins de lire l'almanat
3 pour savoir quant et comment il doivent aimés
3 leurs amis. Je ne connait poin de jour dans l'anné
3 ou je ne face des veux pour votre satisfaction ; le
3 reste est un pure sérémonial que je l'aisse aux
1 Italiens et aux Allemands , me contantant de la
4 réalitée , et convincu que tous ce qu'on donne au
4 compliments est au tant de rabbatu sur la véritée.

IV.

2 On nous présentat dabord à Aceste , qui , tenant
2 son septre d'or en main , jugait les peuples , et se
2 préparait a un grand sacrifice. Il nous demenda d'un
3 d'un ton séver qu'elle était notre pays et le suget de
1 notre voyage. Mentor se hâtat de répondre , et lui dit :
1 Nous venons des cautes de la grande Hespérie , et
3 notre patrie n'est pas loin dela. Ainssi il évita de dire
1 que nous étions Grecs. Mais Aceste , sans l'écouté
3 d'avantage , et nous prenants pour des étrangés qu
3 cachait leur dessin , ordonna qu'on nous envoya dans
2 une forêt voisine ou nous servirions en esclave sous
2 ceux qui gouvernait ses troupaux.

V.

MORT DU FILS D'IDOMÉNÉE.

2 En se moment Idoménée , tout hor de lui , et comme déchiré par les furies infernalles , surprent tout ceux qui l'observes de prêt ; il enfonse son épé dans le cœur de cette enfant , il l'a retire toute fumante et plaine de sang pour la plongé dans ces propres antrailles : il est encore une foi retenu par ceux qui l'environne.

3 L'enfant tombe dans son sang ; ces yieux se couvres des hombres de la mort ; il les entr'ouvrent a la lumière ; mais apeine l'a-t'il trouvé , qu'il ne peut plus la suportée. Telle qu'un beau lisse aux millieu des champs , couper dans sa rassine par le trenchant de la charue , langui et ne se soutien plus : il n'a point encor perdu cette vive blancheure et cette écla qui charme les yeux , mais la terre ne le nourie plus et sa vie est étinte : insi le fils d'Idoménée , comme une jeune et tandre fleure , est cruellement moissoné des son premier âge.

2 Le père , dans l'exès de sa douleure , devient insencible ; il ne scait ou il est , ni se qu'il a fait , ni se qu'il doit faire ; il marche chanselant vert la ville et demande son fils.

3 Cependant le peuple , toucher de compation pour l'anfant et d'orreur pour l'action barbare du père , s'écrit que les dieux juste l'on livrés aux furies. La fureure leurs fournie des armes : ils prènent des bâtons et des pières ; la discorde soufle dans tout les cœurs un venain mortelle. Les Crétois , les sages Crétois oublyent la sajesse qu'ils ont tant aimés : ils

1 ne reconnessent plus le petit-fils du sage Minos. L(
2 amis d'Idoménée ne trouves plus de salue pour h
5 quand le ramenant ver ses vessaux : ils s'ambarquer
3 avec lui ; ils fuyent a la mercie des ondes. Idoménée
2 revenant à soi, les remercient de l'avoir arrache
2 d'une terre qu'il à arrosé du sang de son fils, et qu'
3 ne sorait plus abitter. Les vents les conduisent ver
2 l'Hespérie, et ils vont fondèrent un nouvau royaum
1 dans le païs des Salentins.

VI.

VOLTAIRE AU ROI DE PRUSSE.

3 Je resemble aprésent aux pellerins de la Mecque
4 qui tourne leurs ieux ver cette ville à près l'avoi:
4 quité : je tournes les miens vers votre court ; mor
3 cœur, pénaitré des bontées de votre magesté, ne
1 connaît que la douleure de ne pouvoir vivre auprè:
4 d'elle. Mon atachement est égale a mes regrès ; et s
5 d'autre devoirs m'entraines, ils n'éfasseront jamai:
3 de mon cœur les sentiments que je doits a se prince
3 qui panse et qui parle en homme, qui fuie cette fosse
5 gravitée sous la quelle ce cache toujour la petitesse et
3 l'ignorence, qui se communique avec libertée, par
4 ce qu'il ne craind point d'être pénétrer, qui veux
1 toujours s'instruire, et qui peut instruir les plus
1 éclèrés.

VII.

4 Tu connaît mintenant le digne amie que le ciel t'as
2 donné : se ne serait pas trop de ta vie antière pour
5 mérité ces biens faits ; se ne sera jamais assé pour
5 réparé l'offance que tu vient de lui faire, et j'espaire

2 que tu n'aura plus besoin d'autre leson pour contenir
4 ton imajination fougeuse. S'est sous les hospices de
2 cet homme respectable que tu va entré dans le
6 monde ; s'est a l'apuie de son crédi, c'est guider par
5 son expériance, que tu va tanter de vangé le mérite
3 oublié, des rigeurs de la fortune. Fait pour lui se que
5 tu ne ferait pas pour toi ; tâches aumoin d'honnorer
4 ses bontés en ne les rendants pas innutils. Voies
3 qu'elle riante perspective s'ofre encore a toi ; vois
5 quelle succèt tu dois espéré dans une carière ou tout
5 concoure a favoriser ton zel. Le ciel t'as prodiguer
2 ses donts ; ton heureux naturelle cultivé par ton goût
5 ta doué de tout les talants ; a moins de vint-quatre
2 ans tu joinds les graces de ton âge a la maturité qui
3 dédomage plus tart du progrèt des ans.

VIII.

5 Nous arivames a une espesse de sirque très vaste,
4 environé d'une épaice forèt : le millieu du sirque
3 était une arenne préparé pour les combatants ; elle
6 était bordé par un grand enfitéâtre d'un gason fraix,
5 sur le quel était assi et renger un peuple inombrable.
4 Quant nous arivâme, on nous reçut avec honeur :
3 car les Crétois son les peuples du monde qui exerse
1 le plus noblement et avec le plus de religion l'ospitalite.
4 On nous fit assoire, et on nous invita a combatre.
Mentor s'en excusa sur son grand âge, et Hazael sur
3 sa feble sentée.

4 Ma jeunesse et ma vigeur m'autait tout excuse :
4 je jettai néantmoins un coud'œuil sur Mentor pour
5 découvrire sa pansé ; et j'apperçu qu'il souhaitait que
4 je combatisse. J'accepté donc l'ofre qu'on me faisais.

4 Je me dépouilliai de mes abits ; on fit coulé des fla
4 d'huille dousse et luisante sur tout les menbres
4 mon corp ; et je me mellai parmis les combatan
2 On dit de tout côtés que s'était le fils d'Ulysse q
4 était venu pour taché de remporté les pris ; et pl
4 sieur Crétois qui avait été a Ithaque pandant mo
3 enfense, me reconurent.

IX.

4 Le premié combat fût ce lui de la lute. Un Rho
4 dien d'environs trante-cinq an surmonta tout le
5 autres qui ausèrent ce présentèrent a lui. Il était enco
4 dans toute la vigeure de la jeunesse : ces bras étai
2 nerveux et biens nourrits : au moindre mouvemen
3 qu'il faisait, on voyiait tout ces muscles : il étai
2 égallement souple et fort. Je ne lui paru pas dign
3 d'être vinqu ; et, regardant avec pitié ma tandr
4 jeunesse, il voulu se retiré : mais je me présenté a lui
2 Alors nous nous sésimes l'un l'autre, nous nou
3 sérâmes a perdre la respiration. Nous étions épôl
6 contre épôle, pié contre pié, tout les nerfs tandu e
4 les bras entrelassé comme des cerpents, chaqu'un
4 s'éforsant d'en lever de terre son énemi. Tantôt il
4 esseyait de me surprandre en me poùsant du cauté
3 droit, tantôt il s'efforçait de me panché du coté
4 gôche. Pandant qu'il me tâtait insi, je le poùsaï avec
6 tent de violance, que ces rins plyèrent : il tombat
4 sur l'araine et m'entrèna sur lui. Envain il tacha de
5 me mètre desous : je le teins imobille sous moi. Tout
2 le peuple criat : Victoire au fils d'Ulysse ! et j'édai au
3 Rhodien confu a se relevé.

X.

6 Trois vessaux sont arivés ici s'en m'avoir aportés
4 de tes nouvelles. Est-tu malade? où te plaits-tu a
2 minquietter?

5 Si tu ne m'aime pas dans un péis ou tu n'est lié a
2 rien, que serasse au milieux de la Perse, et dans le
2 sin de ta famille? mais peutêtre que je me trompe:
3 tu es assés aimable pour trouvé par tout des amis; le
2 cœur est cytoyen de tout les pays: comment une ame
3 bien faitte peut t'elle s'empêchée de former des enga-
2 gements? Je te l'avous, je respecte les enciennes
2 amitiées; mais je ne suis pas fâché d'en faire par tout
de nouvelles.

3 En quel que pays que j'ai été, j'y ai vaicu comme
3 s'y j'avais du y passé ma vie: j'ai eu le même empressement pour les gens vertueux, la même com-
2 pation, ou plutôt la même tandresse, pour les malheureux, la même estime pour ceux que la prospé-
5 ritée na point aveuglé. S'est mon caractaire, Usbek:
3 par tout ou je trouverez des hommes je me choi-
sirai des amis.

3 Il y à ici un guèbre qui, à près toi, à, je crois, la
1 première plasse dans mon cœur; c'est l'ame de la
2 probitée même. Des raisons particullières l'ont obli-
6 gées de ce retiré dans cette ville, ou il vie tranquil du
4 produi d'un trafique honête, avec une famme qu'il
2 aime. Sa vie est toute marqué d'actions généreuse;
3 et quoi qu'il cherche la vie obscur; il y à plus
2 d'éroïsme dans sont cœur que dans celui des plus
grands monarques.

1 Je lui ai parlé milles fois de toi; je lui montre

3 toute tes lettres : je remarque que ce là lui fait plésir,
1 et je vois déjà que tu a un ami qui t'est inconnu.
  3 Tu trouverras ici ses principalles avantures :
4 quelle que répugnance qu'il est eu à les écrires, il
2 n'a put les refuser à mon amitié, et je les confis à la
  tienne.

XI.

  4 Les jeunes chats sonts guais, vifs, jolies, et serait
4 ausi très propre a amuser les anfants, si les cous
4 de pate n'était pas a crindre : mais leur badinage,
4 quoi que toujour agréable et légé, n'est j'amais
5 inocent, et bientôt il ce tourne en malisse abituel ;
3 et comme ils ne peuvent exerser ses talants avec
4 qu'elqu'aventage que sur les petits animeaux, ils se
7 mettent a l'afû prêt d'une caje, ils épies les oisaux,
3 les souries, les rats, et deviènent d'eux-même, et
4 sans y être dressé, plus abilles a la chasse que les
3 chiens les mieux instruis. Leur naturelle, enemi de
3 toute contrinte, les rand incapable d'une éducation
4 suivit. On raconte néanmoin que des moines grèques
3 de l'ille de Chypre avaient dressés des chats a chasser,
5 prandre, et tuer les cerpents dont cet ille était infesté.
2 Mais s'était plutôt par le goût générale qu'ils ont
1 pour la destruction que par obéissence qu'ils chas-
5 saient ; car ils se plaisent a épié, ataqué, et détruir
4 assez indiféramment tous les animeaux febles, comme
3 les oisaux, les jeunes lapains, les levreaux, les rats,
4 les souries, les mulaux, les chauve-souries, les
4 tôpes, les crapauts, les grenouilles, les lésarts, et les
3 serpants. Ils n'ont aucune dosilité, ils manquent ausi
2 de la finesse de l'audora, qui, dans le chien, sont

4 deux calitées éminantes : ausi ne poursuivent-ils pas
1 les animaux qu'ils ne voyent plus ; ils ne les chassent
3 pas , mais ils les atendent , les ataques par surprise ;
4 et après c'en être joué lontemps , ils les tues sans
3 aucune néssécité , lors même qu'ils sont le mieu
4 nourits et qu'ils n'ont auqu'un besoin de cette proit
2 pour satisfaire leur apétie.

XII.

2 L'homme sait user en maitre de sa puissanse sur
5 les annimaux ; il à choisit ceux dont la chaire flate
2 son goût , il en a faits des esclaves domestique , il les
2 as multiplié plus que la nature ne l'aurait fait ; il en
3 à formé des troupaux nonbreux ; et par les soins qu'il
7 prent de les faires nêtres , il s'emble avoir aquit le
3 droit de se les immolés : mais il étant ce droit bien
5 audelà de ces besoins ; car indépandament de ses
6 espesses qu'il c'est asujetti , et dont il dispause a son
5 grés , il fait ausi la guère aux animeaux sauvage , aux
2 oisaux, aux poissons : il ne se borne pas même a
3 ceux du clima qu'il abite , il va chercher au loing , et
3 jusqu'au millieu des mers de nouvaux maits ; et la
5 nature antière s'emble suffir apeine a son intem—
5 pérense et à l'inconstante variétée de ses apétis.
4 L'homme consome , englouti lui seule plus de chère
3 que tout les animaux ensembles n'en dévores : il est
2 donc le plus grand destructeur, et s'est plus par abut
1 que par nécécité. Au lieu de jouir modérément des
4 biens qui lui sont ofert, au lieu de les dispancer avec
5 équitée ; au lieu de réparé a mesur qu'il détrui, de
4 renouveller l'orsqu'il annéanti , l'homme riche met
4 toute sa gloire a consomer, toute sa grandeure a

1 perdre en un jour a sa table plus de biens qu'il n'en
3 fodrait pour faire subsisté plusieur familles ; il abuse
1 égallement et des animaux et des hommes, dont le
3 reste demeure afamé, langui dans la miserre, et ne
6 travail que pour satisfaire a l'apéti immodérée et a la
4 vanitée encor plus insassiable de cette homme, qui,
2 détruisant les autres par la dizette, se détrui lui-
1 même par les exès.

XIII.

2 Je trouves les caprisses de la mode chez les Fran-
2 çais étonnant. Ils ont oubliés comment ils étaient
5 abilliés cette été ; ils ignore encor plus comment ils
5 le serons cette hyvert : mais sur tout on ne saurait
3 croire combien il en coutte à un mari pour mètre sa
2 famme a la mode.

1 Que me servirais de te faire une description exacte
2 de leur abillement et de leur parures? Une mode
2 vienderait détruire tous mon ouvrage, et avant que
4 tu eusse reçut ma lettre, tous serait changer.

3 Une femme qui quite Paris pour allée passé six
3 mois a la campagne en revien aussi hantique que si
5 elle si était oublié trante an. Le fils méconaît le
3 portrêt de sa mère, tant l'abit avec le quel elle est
5 painte lui parraît étrangé : il s'immagine que s'est
3 quelle qu'Américaine qui y est représenté, où que le
4 pintre a voulu exprimé quelle qu'une de ses fantésies.

4 Quelques fois les coifures monte insénciblement,
4 et une révolution les faits dessandre tout-à-coup. Il a
5 été un temp que leur hauteure immance, métait le
2 visage d'une fame au milieux d'elle-même ; dans un
6 autre, s'était les piés qui ocupait cette plasse ; les

3 talons faisait un pied d'estal qui les tenaient en l'air.
3 Qui pourait le croire? les harchitectes ont été obligé
3 de hausser, de besser, et d'élargir leur portes, selont
1 que les parures des femmes exigaient d'eux ce chan-
4 gement; et les reigles de leur art ont été ascrvi a ces
2 caprisses. On voit quelques fois sur un visage une
4 cantité prodijieuse de mouche, et elles disparessent
4 le l'endemin. Autre fois les femmes avait de la taille
2 et des dants; aujourdhui il n'en est pas question. Dans
5 cette chengante nation, quoique en dise les movais
2 plaisents, les filles ce trouvent autrement faites que
1 leur mères.

XIV.

2 Madame de Sévigné ce conduisie, pour l'éduca-
2 tion de ces enfants, d'après les principes qui l'avait
4 toujours annimé, s'est-à-dire par des vus justes, une
2 embition noble, mais modéré, et des sacrifices pro-
3 portionés a sa fortune. Elle achetta pour son fils un
3 emploie considérable; elle mariat sa fille au marqui
3 de Grignan, lieu tenant générale, homme de calité,
1 d'un âge mûre, et jouissant d'une réputation bien
3 mérité. Ce mariage samblait devoir fixé madame de
4 Grignan a la coure; et s'était bien l'espoire de ma-
1 dame de Sévigné: mais cette fille, si tandrement
6 chéri, fût fixé en Provence, ou son marie fût nommé
2 commendant; et cette éloignement, qui fit la déso-
1 lation de madame de Sévigné, fût la cause de sa
4 sélébritée, puis que nous lui devons cette corespon-
6 dense ou lon trouve des narations picantes, des
2 réflections fines et juditieuses sur les événements du
3 tems; des détailles charmants de sa vie privé, et

4 sur tout une innépuisable éfusion de tandresse pour
ses amis et pour sa fille.

XV.

4 Oh homme, de quelque contré que tu soies, quel-
4 que soie tés opinions, écoutes; voici ton istoire tel
1 que j'ai crus la lire, non dans les livres de tes sembla-
2 bles, qui sont mantéur; mais dans la nature, qui ne
5 mant jamais. Tous se qui sera d'elle sera vraie; il ni
4 aura de faut que se que j'i aurai mellé du mien sans
2 le vouloir. Les temps dont je vais parlé sonts bien
4 éloigné : combien tu a changé de ce que tu était, s'est,
3 pour insi dire, la vie de ton espesce que je vais d'écrire,
3 d'après les qualitées que tu a reçu, que ton éducation
7 et tes abitudes on pus dépravé, mais quelles non pus
4 détruires. Il y à, je le sents, un âge au quel l'homme
4 individuelle voudrait s'arettcr : tu cherchera l'âge
8 au quel tu desirerait que ton espesse ce fut aretté.
2 Mécontant de ton état présant par des raisons qui
4 annonce a ta postéritée maleureuse de plus grands
4 mécontentements encor, peut être voudrait tu pou-
1 voir rétrogadé; et ce sentiment doit faire l'éloge de
3 tes premiés ayeux, la critique de tes comtemporins,
3 et l'effroit de ceux qui aurons le malheur de vivres
1 à près toi.

XVI.

3 Je viens d'achevé la tache que je m'étois imposé.
2 Si je ne mabuse on poura se former, d'après le
4 réci qu'on vient de lire, une idé assé complette et
2 assé juste du caracterre de Montesquieu, de ses
2 goûts, de ses abitudes, de ses calités, et même des

5 légés défaux qui si trouvait mellés. On demeurera
2 persuadé que cet homme d'un géni si actife et si
3 profont était encor un homme de mœurs douses et
4 fàcilles, d'un comerce agréable et sure, un homme
3 naturelle surtout, qu'une sertaine singularitée de ma-
4 nières distingait de la foulle des aitres répendus dans
1 la sossiété, de même que l'originalité de son talent
2 lui marque une place séparé parmis les grands écri-
4 vins dont notre sciècle s'honnore. Je n'ai point crut
4 devoir m'ocupé de l'examen de ses ouvrages. Analisé,
7 jugé, aprécié de puis lontemps, ils ont subis toute
2 les épreuves, et l'immortalité leur est aquise. Sorti,
2 pour insi dire du domaine de la critique, ils apar-
4 tiennent désormais à l'élocance, chargé de sélébrer
4 les chefs-d'euvres que l'admiration public a consacré.
2 Il était réservé a une autre plume que la miène de
2 remplire ce noble soin en vers l'auteur de l'Esprit
1 des Lois. Un jeune orateur vient de ceuillir une nou-
2 velle palme en louant le génit de Montesquieu ; et se
   qui est pour lui-même la plus belle louange, son
3 talant à été jugé digne de son suget.

XVII.

3 Ces nouvaux majistrats entrairent en possession
1 de leur dignitée aux ides de mai (15 mai) ; et pour
5 inspiré dabort de la crinte et du respec au peuple,
3 ils parurent en publique chaqu'un avec douse lic-
3 teurs, au quels ils avaient faits prendres des haches
3 avec leurs fesseaux, comme en portait ceux qui mar-
4 chaient devent les enciens rois de Rome où devent le
4 dictateur ; ensorte que la place fût remplit de six vingt
   licteurs qui écartaient la multitude avec un faste et

5 un orgeuil insuportables dans une ville ou reignait
3 au paravent la modestie et l'égalitée. Le peuple ne
6 vie qu'avec indignation cette apareille de la tiranie.

La comparaison qu'il faisait de la modération des
3 consules avec les manières fierres et autaines des
3 décemvirs lui fit bientôt regréter l'ensien gouverne-
3 ment. Il se plégnait secrettement qu'on lui eut donné
1 dix rois pour deux consuls. Mais ces réflections
3 venaient trot tart, et il n'était plus maître de détruir
son ouvrage.

XVIII.

3 Pour moi, j'arivai dans des déserts afreux : on n'y
3 voit des sables brûlents au millieu des pleines ; des
3 naiges qui ne fondent jamais fond un hivert perpé-
3 tuelle sur le somait des montagnes ; et l'on trouve
3 seullement, pour nourir les troupaux, des pâturages
5 parmis des rochés, ver le milieux de ses montagnes
5 escarpés. Les valés y sont s'y profondes, qu'apeine
3 le soleil y peut faire luir ces reyons.

2 Je ne trouvé d'autres hommes dans ce païs que
3 des bergés aussi sauvage que le pays même. La, je
4 passais les nuies a déploré mon maleur, et les jours
5 a suivre un troupaux pour évité la fureur brutal d'un
1 premier esclave, qui, espérant d'obtenir sa libertée,
5 acusait s'en sesse les autres, pour faire valloir a son
6 maître son zel et son atachement a ces interrêts. Cette
4 esclave ce nommait Butis. Je devais sucombé en cet
4 ocasion : la douleure me pressent, j'oublié un jour
5 mon troupau, et je mettendis sur l'erbe au près
3 d'une caverne, ou j'atandais la mort, ne pouvant
3 plus suporté mes paines.

2 En se moment je remarqué que toute la montagne
6 tramblait; les chaînes et les pains s'emblait dessendre
5 de son somet ; les vants retenais leurs alaines. Une
4 voie mujissante sortie de la caverne et me fit entan-
2 dre ses parolles : Fils du sage Ulysse, il faut que tu
3 devienne, comme lui, grand par la passiance : les
2 princes qui ont toujours étés heureux ne sont guerre
5 digne de l'être ; la molesse les coromps, l'orgeuil les
3 ennivrent. Que tu seras heureux si tu surmonte tes
3 malheurs, et s'y tu ne les oublient jamais ! Tu revè-
ras Ithaque, et ta gloire montera jusqu'aux astres.
2 Quant tu sera le maître des autres hommes, sou-
4 vient-toi que tu as été fèble, peauvre, et soufrant
4 comme eux ; prens plaisir a les soulagés, aimes ton
5 peuple, détestes la flaterie, et sçaches que tu ne sera
grand qu'autant que tu seras modéré et courageux
1 pour vincre tes passions.

XIX.

3 Tendre amitié, délisse des bons cœurs, s'est dans
3 le ciel que tu pris nessance ; tu dessandis sur la terre
3 aux premiés chagrains des mortels ; tu veins les
4 soutenirs, les consolés, leurs faire suporter la vie. Le
5 créateur, tout jours atentif a soulagé par un bien fait
5 chaqu'un des malheurs de la nature, t'oposas seul a
4 toute les peines des humains. Toi seul donné a l'homme
2 réndit la mesure de ses biens plus grande que selle de
3 ses meaux. Sans toi, jouaits éternels du sor, nous pas-
2 serions dans les pleures les lons instants de cette
3 courte vie. Sans toi, frailes vesseaux privé de gouver-
4 nails et de pilottes, toujour batus par des vants con-
5 traires, portés sa et la sur une mère semé d'éceuils,

2 nous péririons sans être plaindg , ou nous échaperions
6 pour soufrir encor. Tu devient le port tranquil ou lon
5 se réfugit pandant l'orage , ou lon se félicite à près le
2 dangé. Par toi, les malheureux oublies leurs peines ,
2 les heureux doublent leurs plésirs. Bien faitrice de
3 tout les hommes , tu leurs donne des jouissances que
3 le remord et la crainte ne vienne point empoisonnés.

XX.

LA VALLÉE DE TEMPÉ.

2 Les montagnes son couvertes de peupliés , de
3 platannes, de fraines d'une bauté surprenante. De
4 leurs piés jaïssent des sourses d'une eau pur comme
4 le cristale , et des intervals qui sépare leurs sommaits,
4 s'échape un air frai que lon respire avec une voluptée
4 secrette. Le fleuve présante presque par tout un cannal
3 tranquil ; ét, dans sertains androits , il embrasse de
2 petites illes dont il éternise la verdure. Des grotes
4 persés dans les flans des montagnes, des piesses de
5 gason placé au deux cautés du fleuve , s'emblent être
5 l'azil du repos et du plésir. Se qui nous étonnaient le
2 plus était une sertaine intelligeance dans la distribu-
6 tion des hornements qui pare ses retrètes. Allieur,
4 s'est l'art qui s'éforse d'imité la nature ; ici , on dirait
5 que la nature veut imité l'art. Les loriers et diférante
3 sortes d'arbrissaux forment d'eux même des ber-
3 seaux et des bosquaits , et font un bau contraste avec
2 des bouquaits de bois placé au pied de l'Olympe. Les
5 rochés sont tapicés d'une espesse de lière , et les har-
6 bres , orné de plentes qui cerpantes au tour de leur
3 tron , s'entrelassent dans leur branches , et tombent

3 en festons et en guirlandes. En fin tous présante en
4 ses baux lieus la décoration la plus riente. De tous
5 côtés l'œuil s'emble respiré la frêcheure, et l'ame
2 resevoir un nouvelle esprit de vie.

XXI.

4 Si jamais l'homme eût ocasion de déveloper cette
3 instint de courage que lui donnat la nature, s'est
3 dans les conbats qui se livres sur mer. Les battailles de
5 terre présante a la véritée un spectacle tèrible : mais
5 dumoin le sole qui porte les combatants ne menasse
3 point de sentrouvrir sous leur pas ; l'air qui les envi–
4 ronnent n'est pas leur ennemie, et les laissent dirigé
3 leurs mouvements a leur grès ; la terre antière leur
3 est ouverte pour échaper au dangé. Dans les combas
7 de mer, tout conspirent a ogmanté les périlles, a
4 diminué les resources. L'eau n'ofre que des habîmes
5 dont la surfasse, balansé par d'éternelle secouces, est
6 toujour prette a s'ouvrire. L'air agitté par les vens
2 produie les orages, trompe les effors de l'homme, et
4 le présipite audevent de la mort qu'il veut évitée. Le
3 feux déploit sur les eaux son activité terrible, entrou–
5 vre les vessaux, et réuni la double orreur d'un nof–
3 frage et d'un ambrasement. La terre, ou reculé a une
4 grande distence, refuse son azil ; ou, si elle est prêt,
2 sa proccimité même est dengereuse ; et le refuge est
4 souvant un écœuil. L'homme, izolé et séparré du
4 monde entié, est reserré dans une prison étroite dou
4 il ne peux sortir, tendis que la mort y antre de toute
2 parts. Mais parmis ces horreurs, il trouve qu'elque
2 chose de plus tèrible pour lui : s'est l'homme son
4 samblable, qui, armé du ferre, et mellant l'art a la

4 fureure, l'aproche, le joind, le combat, lute contre
5 lui sur ce vaste tonbau, et uni les effors de sa rage a
3 celles de l'eau, des vens, et du feux.

XXII.

HUMANITÉ DE FÉNÉLON.

3 Elle n'est point éfacé de notre mémoire cet époque
3 dézastreuse et terrible, cet anné la plus funeste des
3 dernières annés de Louis XIV, ou il senblait que le
3 ciel voulu faire expier a la France ses prospéritées
7 orgeuillieuses, et obscursir l'écla du plus baux reigne
6 qui eut encor ilustré ses analles. La terre, stérille
4 sous les flaux de sang qui l'innonde, devient cruel et
3 barbarre comme les hommes qui la ravage, et lon
4 ségorge en mourant de fain. Les peuples, acablé
5 a-la-foi par une guère maleureuse, par les impos,
1 et par le besoin, sont livré au découragement et au
4 désespoire. Le peut de vivres qu'on a put concerver
4 ou receuillir est porté a un prie qui effreye l'indi-
4 geance, et qui paise même a la richesse. Une armé,
7 a lors la seulle deffence de l'état, attand envin sa
4 subsistence des magazins qu'un hyvert destructeur n'a
3 pas permi de r'emplir. Fénélon donne l'example de
4 la générositée : il envoit le premié toute les récoltes
1 de ces terres ; et l'émulation gagnant de proche en
5 proche, les pëïs d'alantours fonts les mêmes éforts,
4 et l'on devien libérale même dans la dizète. Les ma-
5 ladies, suitte innévitable de la misaire, désolle bien-
4 tôt l'armé et les provainces. L'invazion de l'énemi
3 ajoutte encore la terreure et la consternation a tant
5 de fléots acumulé. Les canpagnes sont déserte, et

4 leurs abitants épouventés fuyent dans les viles. Les
5 aziles menquent a la foulle des malheureux. S'est
3 alors que Fénélon fît voir que les cœurs sencibles, a
4 qui lon reproche d'étandre leurs afections sur le jenre
4 humin, n'en aime pas moin leur patrie. Son palaìt
4 est ouvert au malades, au blécés, aux peauvres,
3 sans exeption. Il engage ces revenus pour faire ouvrire
3 des demeures a ceux qu'il ne s'aurait resevoir. Il
3 leurs rends les soins les plus charitable : il veille sur
5 ceux qu'on doit leurs rendres. Il n'est efreyé n'y de la
3 contajion, n'y du spectacle de toute les infirmités
5 rasamblés sous ses ieux. Il ne voit en eux que l'uma-
4 nité soufrante. Il les assistent, leurs parlent, les en-
5 couragent. Oh ! comment ce deffandre de quel qu'at-
1 tendrissement, en voiant cet homme vénérable par
2 son âge, par son rand, par ses lumières, telle qu'un
4 géni bien faisant, au millieu de tout ces malheureux
3 qui le bénisse, distribué les consollations et les
4 secours, et donné les plus touchents examples de ses
2 mêmes vertues dont il avait donné les plus touchante
1 lesons.

XXIII.

3 Il y avait a Amadan une sélèbre accadémie, dont
4 le premié statue était consu en ses termes: « Les
4 académitiens penserons beaucoup, écrirons peut, et
3 ne parlerons que le moin qu'il sera posible. » On
4 l'apellait l'accadémie silentieuse, et il n'était point en
4 Perse de vrait savent qui n'eut l'embition d'y être
2 admi. Le docteur Zeb, auteur d'un petit livre exel-
5 lant, intitulé le Baillion, aprit au font de sa province
2 qu'il vacquait une place dans l'académie silentieuse.

4 Il pare aussitôt ; il arive a Amadan , et se présantant
5 a la porte de la sale ou les accadémisiens sont assem-
6 blé , il prit l'uissier de remètre au présidant ce billiet :
3 « Le docteur Zeb demende hunblement la plasse
5 vaquante. » L'uissier s'aquita sur—le—chant de la
3 comission ; mais le docteur et son billiet arrivait trop
2 tart , la place était déjà remplit.

2 L'académie fût désolé de ce contre—temps : elle
3 reçue, un peut malgré elle , un belle esprit de la
3 coure, dont l'élocance vive et légère faisait l'admira-
3 tion de toute les ruelles , et elle se voyiait réduite a
3 refusé le docteur Zeb , le fléot des bavarts ; une tête si
3 bien faite , si bien meublé ! Le présidant, chargé
1 d'anoncer au docteur cette nouvelle désagréable , ne
1 pouvait presque si résoudre , et ne savait comment
5 si prandre. Après avoir un peu raivé , il fit r'emplire
2 d'eau une grande coupe , mais s'y bien remplire ,
4 qu'une goûte de plus eut fait débordé la liqueure ;
3 puis il fit cigne qu'on introduisi le candida. Il parut
3 avec cette air simple et modeste qui annonse presque
3 toujour le vraie mérite. Le présidant se leva, et, sans
2 proférer une seulle parolle , il lui montra d'un air
2 afligé la coupe amblématique , cette coupe si exacte-
3 ment plaine. Le docteur compri de reste qu'il ni
2 avait plus de place a l'accadémie ; mais, sans perdre
5 courrage , il songait a faire conprandre qu'un acadé-
6 mitien surnumérère ni dérengerait rien. Il voit a ces
3 piés une feuille de rose ; il l'a ramasse, il la pause
2 délicatement sur la surfasse de l'eau , et fait s'y bien
3 qu'il n'en échape pas une seulle goute. A cette ré-
4 ponce injénieuse, tous le monde batit des mains : on
3 laissa dormire les reigles pour ce jour-la, et le

4 docteur Zeb fût reçu par aclamation. On lui présanta
1 sur-le-champ le registre de l'académie ou les réci-
5 piandères devait s'inscrire eux-même. Il si inscrivit
2 donc, et il ne lui restait plus qu'a prononcé, selon
3 l'usage, une frase de remersîment. Mais en accadé-
5 mitien vraiement cilentieux, le docteur Zeb remersia
2 sans dire mot. Il écrivit en marje le nombre cents,
4 s'était celui de ses nouvaux confrère; puis en metant
3 un zéro devent le chifre, il écrivit audesous : « Ils
3 n'en vaudrons ni moin, ni plus. » Le présidant ré-
1 pondit au modeste docteur avec au tant de politesse
3 que de présance d'esprit. Il mit le chifre un devent
2 le nombre cents, et il écrivit : « Ils en vaudrons dix
2 fois d'avantages.

XXIV.

PHRASES DÉTACHÉES.

3 Lassé de vivre toujour en suspend et dans l'inser-
3 titude, je me résolu d'aler dans la Sicile, ou j'avais
3 ouis dire que mon père avait été jetté par les vens. —
1 Psyché était bonne : jamais elle n'aurait pue se
3 résoudre a faire du mal a ses seurs, autrement que
2 par un motife d'obéissance, quelques méchantes et
2 quelques dignes de punition quelles fussent. — Pour
3 moi je crainds les dieux : quoiqu'il men coûte, je
3 serai fidel au roi qu'ils mont donnés. — Je vous laisse
3 a panser en qu'elle état j'étais dans cette conjoncture,
5 moi qui n'avait point encor naviguer, et a qui si peut
4 de chose avait déjà cosé une tel épouvente. — Quoi-
2 qu'il veulle faire, il n'entreprendera jamais rien qui
5 soit audessu de ses forses. — Quelque soie leur for-

1 tune, elle ne suffira jamais pour une pareil entreprise.
3 — En effet, dans l'étendu de près de cents mille,
3 nous ne voyons que de vastes dézerts pandant le jour,
3 et nous n'entandions que urler et que rugire pendant
3 la nui. — Les Thessaliens aiment a l'exès le faste et
4 la bonne chaire. — Part, Télémaque, vas-t-en
2 audelà des mers. — Il a commencé son réigne par
3 une conduite toute opposé a celle de Pygmalion. —
1 L'oracle de Delphes lui répondit : Les dieux agrént
3 ton homage ; et sous leurs hospices tu formera la plus
5 exellante des constitutions politique. — La bisarerie
3 de votre cœur vous fis revenir ver moi a mesure que
3 vous voyez que je m'éloignais de vous. — Un viellart
3 vente toujour le passé. — Dans un ouvrage de long
4 alaine, il est permi de s'oublyer un moment. — La
3 poësie, en sélébrant les belles actions, les sauvent du
2 tombau. — Un homme savent a toujours en lui un
2 font de richesses. — Peut-être est-il vraie qu'on
3 n'aquère pas rapidement de grandes richesses sans
2 comètre de grandes injustices ; mais il ne l'est pas
3 moins que l'homme injuste ce fait haire ; mais il est
5 insertin que la richesse qu'il aquière le dédomage
2 de la haine qu'il encoure. — Il changa de couleur ;
4 son visage paru troublé. Idoménée l'apperçu, quoi
1 que Télémaque se détourna pour cacher son trouble.
4 — Par tout ou se trouvait les Suédois, ils étaient
3 sur de la victoire quant ils étaient vingts contre cents.

CHAPITRE III.

Dans ce chapitre, les fautes ne sont indiquées par aucun signe.

I.

Des chasseurs poursuivait une biche. Celleci se sauvat dans une vigne, et si cacha si bien sou le pempre, que les chasseurs, qui l'avait perdu de vu, rebrousèrent chemein. Cependant la biche, qui se croyiait or de dangé, rongait les seps qui la couvrait. Se fût pour son maleur; car des quelle les eût dépouilliée de leur feuilles, elle parue tellement a découver, que les chasseurs l'appersurent en se retirants. Alors ils retournèrent sur leur pas, ataignirent la biche, et la tuèrent.

II.

RACINE A MADAME DE MAINTENON.

Je vous assure, madame, que l'état ou je me trouve est très digne de la compation que je vous ai toujour vu pour les maleureux. Je suis privé de l'honeur de vous voir; je n'ause presque plus conter sur votre protexion, qui est pourtant la seulle que j'ai tachée de mérité. Je chercherais dumoin ma consolation dans mon travaille; mais jugé qu'elle amertume doit jètter sur ce travaille la pansé que ce même grand prince, don je suis continuellement ocupé, me regarde peutêtre comme un homme plus digne de sa colaire que de ces bontées.

III.

Les fleurs contenplait la rose , et trouvait dans ces nuanses un écla si vife qu'elles lui sédaient presque sans envi le prix de la beautée. Non , lui disait-elle toutes d'une voie , notre colori n'est n'y si rare n'y si beau ; nous n'exallons point une audeur si doussè. Trionfez , belle rose : vous mérité seulle les carresses des zéphires. Fleures , dit la rose en soupirant , lorsqu'un seule jour me vois naître et mourrir , que me serre d'être si belle ? Hélas ! je voudrais l'être moin , et duré , comme vous , d'avantage.

IV.

Un âne chargé de cel se plonga dans une rivière , et s'y avant que tous son cel se fondit. Quelque jours à près , comme il repassait chargé d'éponje près du même gai , il courrut si jetter , dans la pause que le poid de sa charge y diminurait comme il avait diminué la première foi ; mais le contraire arrivat : l'eau emplie les éponges , et de tel sorte , qu'elles senflèrent. A lors la charge deveint si pesente , que le bodais , qui ne pouvait plus la soutenir , culebutta dans le fleuve , et si noya.

V.

Observer en trois semènes toute les sossiétées d'une grande vile , assigner le caractaire , des propos qu'on y tien , y distainguer exactement le vraie du faut , le réelle de l'aparant , et se qu'on y dit de se qu'on y panse : voilà se qu'on acuse les Français de faire quelques fois chez les autre peuples , mais se qu'un étrangé ne doit jamais faire chez eux ; car ils vallent bien la paine d'être étudié pausément. Je napprouve pas n'on plus qu'on disent du male du péis ou lon vit et ou lon est bien trêté : j'aimerais mieu qu'on se laissa trompé par les aparances que de moraliser au dépend de ces hautes. En fin je tiens pour suspec tout observateurs qui se piquent d'esprit : je craind toujour que, sans y songer, il ne sacrifit la véritée des chauses a l'écla des pensées, et ne face joué la frase au de dépend de la justice.

VI.

Oh! qu'il est doux pour un cœur bien né d'être obliger d'aimer se qu'il aime, de pouvoir satisfaire à la foi et sa tandresse et sa vertue ! La seulle reconnaissance, si cher pour les belles ames, sufit a leur félicitée : mais quant l'obget qui la fait nêtre nous atire encore par d'autre liens ; quant le bienfaiteur est émable, et qu'un charme secret vient se joindre à l'impression tandre que laisse les biens faits, nul bonheur ne peut égallé ce lui que procure ses deux sentimens, nul jouissance ne peut valloir l'heureux acort d'un plésir pure avec un devoir sacré.

VII.

Si vous ne savez rien du détaille de la mort de M. de Melun, en voici quelque particuliarités :

Samdi dernié il courrait le serf avec M. le duc : ils en avaient déjà pris un, et en courrait un segond. M. le duc et M. de Melun trouvairent dans une voix étroite le serf qui venait droit à eux : M. le duc eût le temps de ce renger ; M. de Melun cru qu'il aurait le temps de croiser le serf, et poussa son cheval. Dans le moment le serf l'ateignit d'un coup d'endouiler si furieu, que le cheval, l'homme et le serf en tombairent tout les trois. M. de Melun avait la ratte coupé, le diafragme persé, et la poitrine refoullé. M. le duc, qui était seule auprès de lui, benda la playe avec son mouchoire, et y teint la main pendant trois quartd'heures. Le blessé vaicu jusqu'au lundi suivant qu'il expirât, a six heurs et demies du matin, antre les bras de M. le duc, et à la vue de toute la coure, qui était consterné et atandri d'un spectacle si trajique, mais qui l'oublira bientôt. Des qu'il fût mort, le roi parti pour Versailles, et donna au conte de Melun le régimant du défun. Il est plus regreté qu'il n'était aimé : s'était un homme qui avait peu d'agrément mais beaucoup de vertue, et qu'on était forcé d'estimé.

VIII.

J.-B. ROUSSEAU A M. BOUTET.

Il est vraie, monsieur, que je n'ai pas toujour été exacte a répondre a M. votre fils ; mais la plus par des choses qu'il m'a demandé n'était pas tout jours de nature a faire la matière d'une laitre. Je me suis mal trouvé d'avoir écri trop librement mes pansés a mes amis : le papié perse, et il m'est revenu souvant de Paris des copies de mes lètres qui mont ocasionées bien des chagrains. Le manque de prévoyence dans les amis fait quelques fois le même éfet que la movaise volonté.

Je n'atribus qu'a la première raison les movais ofices que ma rendu un ami don M. vôtre fils m'a procurer la conaissance, et avec qui je n'ai garde de le confondre. Mais quel que persuadé que je soie de sa discression, et quelle que confience que j'ai en lui, je n'auserai jamais lui promètre de lui écrir tous se que je pourais lui dire si **nous** étions fasse à fasse. J'espaire de son indulgeance qu'il voudra bien passer cette petite réserve a un homme qui resemble au chat échodé, sur que je ne l'étanderai pas audelà des bornes permises a l'amitiée, et charmé d'alieurs d'entretenir un commerce de lettre avec le fils d'un autre moi-même. Adieux, chère et parfait ami: les parolles me manque ; et plus je suis contant de mon cœur, moin je le suis de ma plume.

IX.

On sai l'istoire de ce paje qui, a la tenue d'un lit de justice a Versailles, se gliça dérière la tapicerie, et y acrochat la péruque du premié présidant. Quant le roi paru, ce majistra se lève, et ne laisse voir qu'une tête chôve. Sir, dit M. de Harlai sans ce déconcerté, je croyiais saluer V. M. en premié présidant ; je ne puis le faire qu'en enfant de cœur. On ri de cet expiéglerie du paje ; mais en fin il falait une réparation : le roi lui ordonnat d'aler faire des escuses au chef du parlement. L'étourdie monte a cheval au millieu de la nui, cour a l'autel du premié président, s'anonse de la par du roi, et fait éveillé le majistra, auquel il présente ses très umbles escuses ; M. de Harlai lui dit d'un grand sens froit que la réparation était pir que la faute, et il s'ala remètre au lit, tendis que le page courrut amusé ces camarades de cette nouvelle folie.

X.

Le lésart gri parrait être le plus doux, le plus inocent, et l'un des plus utile des lésarts. Ce jolie petit annimal, si connu dans le pays ou nous écrivons, et avec le quel tant de personnes on jouées dans leur enfence, n'a pas reçut de la nature un vettement aussi éclatant que plusieurs autre quadrupaides ovipar; mais elle lui a donnée une parrure éléguante: sa petite taille est svelte, son mouvement agil, sa cource si pronte, qu'il échape a l'œuil ausi rapidement que l'oiseau qui volle. Il aime a resevoir la chaleure du soleil: ayant besoin d'une tenpérature dousse, il cherche les abrits; et l'orsque dans un beau jours de primtemps, une lumière pur éclair vivement un gason en pante, ou une muraille qui oguemente la chaleur en la réfléchissant, on le voit sétandre sur ce mure, ou sur l'erbe nouvelle, avec une espesse de voluptée. Il se pénaitre avec délisse de cette chaleure bien faisante; il marque son plésir par de moles ondulations de sa queu délié; il fait brillier ses yeux vifes et animé; il se présipite comme un trait pour sésire une petite proit, ou pour trouver un abrit plus comode. Bien loin de s'en fuire à la proche de l'homme, il paraît le regarder avec conplaisance; mais au moindre brui qui l'effreit, a la chutte seul d'une feuille, il se roule, tombe, et demeure pandant quelques instents comme étourdit par sa chutte; ou bien il sélance, disparaît, se trouble, revien, se cache de nouvau, reparaît encor; décrit en un instant plusieur sircuis tortueux que l'œil à de la peine a suivre, se replit plusieures fois sur lui-même, et se retire en fin dans quelque aziles, jusqu'à se que sa crinte soie dissipé.

XI.

MORT DE TURENNE.

Cette funeste nouvelle se répendit partoute la France, comme un brouilliart épais qui couvrit la lumière du siel, et remplie tout les esprits des ténaibres de la mort : la terreure et la consternation la suivait. Personne n'apris la mort de M. de Turenne, qu'il ne cru dabord l'armé du roi taillé en pièce, nos frontières découverte, et les énemis près a pénétré dans le cœur de l'état ; en suite, oublyant l'intérêt générale, on était sencible qu'à la perte de ce grand homme : le réci de ce funeste accidant tirat des plintes de toute les bouches, et des larmes de tout les yeux. Chaqu'un a l'envie faisait gloire de savoir et de dire quelleque particularité de sa vie et de ces vertues : lun disait qu'il était aimé de tous le monde sans intérêts ; l'autre, qu'il était parvenu a être admirer sans envie ; un troisième, qu'il était redouter de ces énemis sans en être haïs. Mais en fin se que le roi senti sur cette perte, et se qu'il dit a la gloire de cet illustre mort, est le plus grand et le plus glorieux éloge de sa vertue. Les peuples répondirent a la douleure de leur prince : on vi dans les viles par ou son corp à passé les même sentiments qu'on avait vu autre fois dans l'empir romain, l'orsque les sendres de Germanicus furent porté de la Syrie au tombau des Césars. Les maisons était fermé ; le triste et morne cilence qui régnaient dans les places publics n'était intérompu que par

3

les jémissements des abitants ; les magistras en deuille ussent volontié prêtés leurs épôles pour le porté de ville en ville ; les prêtres et les religieux a l'envi l'acompagnait de leur larmes et de leur prières ; les villes pour lesqu'elles ce triste spectacle était tout nouvaux faisait paraître une douleure encore plus véémante que ceux qui l'acompagnait ; et comme si, en voyant son serceuil , on l'eu perdu une segonde fois , les cries et les larmes recommansait.

XII.

LA MOUCHE ET LA FOURMI.

La mouche prétendait avoir des avantages qui rendait sa condision fort supérieure à celle de la fourmis. Ce n'est pas sans raison , lui disait elle avec orgeueil , que je crois l'emporter sur toi. Considère qu'elle est ma vie : qu'elle créature vie plus noblement que moi? Je ne travail point ; j'entre partout ou il me plais, dans les palais, dans les temples ; et de quelle viande je mi nourri ! dieu le sait. Sur quelle bouche , sur quelle sain ne puije me reposer? et tu voudrais, après cela , misérable, te comparer a moi ! toi qui tapis dans un trou , ni supsiste qu'a peine de quelques grains a de mis pouris , et encore ne les atu qu'a force de traveaux et de fatigues. Il est vrais ; répliqua la fourmis, que tu abite des palais ; mais on ne ti regarde que comme une importune. C'est belles dont tu dérobes les faveur , te chasses et te maudices. Je convient qu'en ete tu fait melieure chaire que moi ; mais aussi en hiver comment vi tu? ten dis que , relegué par le frois au font de quelles que muraille, tu imourra de faim et de misères, je vivrais, moi, sous terres, de mes provisions, et j'y jouirai, malgré la rigueur de la saisons, dés fruis de mon travail. Cesdonc, feneantes, de me mépriser : si ta fason de vivre est plus noble, la mienne est moins a charge et plus sures.

XIII.

Avant qu'on eut invanté les cignes représantatif des richesses, elles ne pouvaient gaire consisté quand terres et en bestieaux, les seules biens que les hommes puissent posséder. Hors, quant les éritages ce furent acru en nombre et en étandu au poin de couvrire le sole entié et de se touché tous, les un ne purent s'aggrandirent qu'au dépend des autres ; et les surnuméraires que la féblesse où l'indolanse avait empêchée d'en aquérir a leur tour, devenu pauvre sans avoir rien perdu, parceque, tout changant au tour d'eux, eux seul n'avaient point changés, furent obligé de recevoir ou de r'avire leur subsistence de la main des riches : et delà commencèrent a naître selon les diverses caracterres des uns et des autres la domination de la cervitude, ou la violance et les rapines. Les riches, de leur côté, connurent apeine le plaisir de dominé, qu'ils dédégnèrent bientôt tout les autres ; et se servant de leur ensiens esclaves pour en soumètre de nouvau, ils ne songèrent qu'à subjuguer et asservir leur voisins : semblable à ses loups afamés qui, ayant une foi goutés de la chaire humaine, rebutte tout autre nourriture, et ne veullent plus que dévorer des hommes.

XIV.

Plusieurs écrivins d'un mérite distingué ont entreprit de nous donner la vie de Fénélon ; mais quel
qu'estimable que soie leur travaille, l'étandu du plant
qu'ils s'étaient formés ne nous permettaient pas
d'adopter, au commencement de cette nouvelle édition du Télémaque, auqu'une des vies de Fénélon
qui on parues jusqua ce jours, et que nous avons eus
soin d'indiqué dans la liste des éditions dé cette ouvrage. Un précit court sufisait a la tète d'un livre
destinée principallement à l'instruction de la jeunesse, et nous avons crus que le réci simple et fidél
des principaux événements de la vie de Fénélon,
était en même temps le plus belle éloge que lón
pouvait faire de ce grand homme. Ce que nous en
raporteront, d'après le témoignage de quelqués uns
de ces illustres contemporin, suffira pour prouvé
que si ces écrits lui donne le reng le plus distingué
parmi les gens de lettre, ses vertus éroïques l'on
rendues dignes du respec et de la vénération de tout
les sciècles. Ce ne serait même pas louer assés sés
ouvrages, que de les concidérer uniquement du cauté
du mérite litéraire, puisque la plus part lui furent
dicté par l'amour le plus tandre et le plus ardant
pour l'umanité, qui à toujours été l'unique but qu'il
c'est proposé dans tous se qu'il a fait, comme dans
tous se qu'il a écri.

XV.

La fable est sendoute aussi vielle que le monde ;
elle conserve et conservera toujour son empir : nous

l'aimons, nous sommes né pour elle. S'est une im-
mortel dont la voie mansonjère en tous temps nous
charmes et nous amuses : s'est une anchanteresse qui
nous entoures de prestige ; qui, a des réalitées, subs-
titut, ou du moins ajoutte des chimaires agréables
et riantes; et qui cepandant, soumise a l'istoire et a
la filosofie, ne nous trompe jamais que pour mieux
nous instruirent. Fidèl à conserver les réalités qui lui
sont confiés, elle couvre de son envelope céduisante
et les lesons de l'une et les véritées de l'autre. Son
septre anchanteur ne fait que des miracles et ne produi que des métamorfoses. Elle nous trensportes
d'un monde ou nous somme toujours mals dans un
autre monde qui, créé par l'imagination, a tous ce
qu'il faut pour nous plaire. Elle embélie tous ce
quelle touche : si elle racconte, elle saime les merveilles, les prodiges, pour ataché la curiosité, pour
gravé dans la mémoire ; si elle trasse des lesons, s'est
d'une main si légère que l'orgeuil n'en est pas attaind.
Elle se joue au tour de la vérité pour ne la laissé voir
qu'a la dérobé : et soi qu'elle est voulue ou nous
agrandiré ou nous consolés, elle prend ses examples
dans des espesses privilégiés, dans une race divine
qu'elle ellève exprès audessu de la faible umanité;
tantôt nous conduisant à la vertue par ces examples
illustre, tantôt carressant notre féblesse, orgueillieuse
de retrouvé nos passions et nos fautes dans la perfection même.

XVI.

La Suède et la Finlande compose un roïaume
large d'environs deux cent de nos lieux, et long de

trois cent., Il s'étant du midy au nort, depui le cin-
quente–sinquième degrés, ou a peu près, jusqu'au
soisante et dizième, sous un clima rigoureu, qui n'a
presque n'y printems n'y autonne. L'ivert y reigne
neuf mois de l'anné ; les chaleurs de l'été y succèdent
tout a coup a un froit execif ; et il y gelle des le mois
d'octobre., sans auq'une de ses gradations insencible
qui amène allieur les saisons, et en rendent le changement plus doux. La nature, en récompanse, a
donnée a ce clima rude un siel serin, un air pure.
L'été, presque tout jours échoffée par le soleil, y
produi les fleures et les fruits en peu de temps. Les
longues nuis de l'yvert y sont adoucis par des aurores
et des crépusculs qui durent a proportion que le
soleil s'éloigne moin de la Suède ; et la lumière de la
lune, qui ni est obscursit par auqu'un nuages, ogmanté par le reflait de la naige qui couvre la terre,
et très souvant par des feus semblable a la lumière
zodiacalle, fait qu'on voiage en Suède la nui comme
le jours: Les bestiaux y sont plus petit que dans les
pays méridionnaux de l'Europe, faute de pâturage.
Les hommes y sont grand ; la cérénité du siel les
rends seins, la rigeur du climat les fortifient : ils
vivent lontems, quant ils ne s'afeiblissent pas par
l'usage immodéré des liqueures fortes et des vins,
que les nations septentrionnals s'emblent aimer
d'autant plus que la nature les leurs a refusée.

XVII.

Déjà mon radot était assés fort pour porter un
poid résonnable ; il ne sagissait plus que de voir de
qu'oi je le chargerait, et comment préservé cette

charge de l'insulte des eaux de la mère ; mais je ne m'arrettai pas baucoup à cette considération ; et d'abort je mis desus toute les planches que je pu trouvé ; en suite, après avoir bien considérer se dont j'avais le plus besoin, je commansai par prandre trois cofres de matelau que j'avais ouvert en forsant les sérures, et que j'avais en suite vidé, et puit je les déssendit avec une corde sur mon radot. Dans le premié, je mis des provisions, sçavoir, du pain, du rit, trois fromage de Hollande, cinq pièsses de bouc saiché, la qu'elle viande faisait notre principalle nouriture, et un petit reste de bled d'Europe, qu'on avait mis a part pour entretenir quelles que volailles que nous avions embarqués avec nous, mais qui de puis long-temps avait étés tué ; il y avait ausi une sertaine cantité d'orje et de froman mêlé ensembles ; mais à mon grand regret, je vis que ce là avait été mangé et gâté par les rats. Quand à la boisson, je trouvé plusieur boutcilles qui était a notre maître, dans les quels il y avait quelques aux cordialles, et environs vingt-quatre de rack : j'arrengai ce ci sépa- rément, par ce qu'il n'était pas besoin n'y même posible de les mettres dans le cofre. Pendant que j'étais ocuppé à faire ses choses, je m'appersu que la maré commançait à montée, quoi que pésible- ment ; et j'us la mortification de voir mon abit, ma veste, et ma chemise, que j'avais laissé sur le rivage, floter et sen aller au grés de l'eau : pour ce qui est de ma culote, qui n'était que de toille, et ouverte à lendroit des genous, je ne la quittée pas, non plus que mes bas pour nagé j'usqua bort. Quoiqu'il en soit, cette accidant me fit aller a la quaite des hardes ;

et je ne fus pas long—tems a fouillier pour voir que je pouvais ésément réparé ma perte avec uzure : mais je me contenté de prandre se dont je ne pouvais absolument me passé pour le présant, parcequ'il y avaient d'autres choses que j'avais beaucoup plus à cœur. De ce nombre était des outis pour travaillier quant je serais à terre, et à près avoir lontemps chercher, je trouvai en fin le cofre du charpantié. Ce fût un trésort pour moi, mais un trésort beaucoup plus prétieux que ne l'aurait été pour lors un vessaux tout chargé d'or : je le dessandis, et le pausé sur mon radau tel qu'il était, sans perdre de temps a regardé de dans ; car je savais en gros se qu'il contenait.

XVIII.

La chause que je desirais le plus après celle la, s'était des munissions et des armes. Il y avait dans la chanbre du capitènc deux fusis forts bons, et deux pistolais : je men sésis d'abord, comme ausi de quels que cornets a poudre, d'un petit saque de plon, et de deux vielles épés rouyées. Je savais qu'il y avait quelle que par trois baris de poudre ; mais j'ignorais en qu'elle androit notre canonier les avaient serré. A la fin pour tant je les detèrai après avoir visiter les coins et les recoins. Il y en avait un qui avait été mouillé : les deux autres était sec et bons, et je les placés avec les armes sur mon rad'eau. A lors je cru m'être munit d'assé de provisions : il ne me restait plus de soussi que pour les conduirent jusqu'a terre ; car je n'avais n'y voille, n'y rame, n'y gouvernaille, et la moindre boufé pouvait submergé ma carguaison toute entière.

Trois choses relevait mes espérences : en premié lieux, la mer, qui était tranquille ; en segond, la marré, qui montait et portait a terre ; et en troizième lieu, le vent, qui, tout feible qu'il était, ne laissait pas d'être favorable. Je trouvai encor deux ou trois rames a moitié rompu et dépandante de la chaloupe, qui me servir de r'enfort, et deux sies, une bisaiguë avec un martau, que j'ajouttai à ma carguaison ; après quoi je me mis en mère. Mon radau voga très bien l'espasse d'environ un mil ; seullement je m'apperçu qu'il dérivait un peut de lendroit ou javais pri terré au paravent : ce la me fis jugé qu'il y avait un courrant d'eau ; et parconséquant j'espérais de trouver une baye, où une rivière qui me tiendrait lieux de port pour débarqué ma carguaison.

XIX.

Télémaque, voyant les trois juges qui étaient ascis, et qui condanaient un homme, ausa leurs demender qu'el aitait ses crimes. Aussi tôt le condamné prenant la parole, s'écria : je n'ai jamais fait aucun mal ; jé mis tout mon plaisir a fair du bien ; je été magnifique, libéral, juste, compatissant : que peuton donc me reprocher ? Alors Minos lui dit : on ne te reproche rien a l'égard des hommes ; mais ne deves-tu pas moins aux hommes que aux Dieux ? quel est donc cette justice dont tu te vente ? tu n'a manqué a aucun devoir en ver les hommes, qui ne sont riens ; tu as été vertueux ; mais tu a raporté toute ta vertu a toi même, et non aux Dieux, qui te l'avait donnée ; car tu voulais jouir du fruit de ta propre vertu et te renfermer en tois même : tu as été ta divinité. Mais

les Dieux, qui ont tous fait, et qui non riens fait que
pour eux même, ne peuvent renoncer a leur droits ;
tu les as oubliés ; ils te oublieront ; ils te livreront à
toi même, puisque tu as voulus etre a tois, et non
pas a eux. Cherche donc mentenant, si tu le peus, ta
consolation dans ton propre cœur. Te voilà a jamais
séparé des hommes, aux quels tu a voulus plaire ;
te voila seul avec toi même, qui etot ton idol :
apprend qu'il n'y a poins de véritable vertus sans le
respect et l'amour des Dieux, à qui tout est dû. Ta
fausse vertu, qui a long-temps éblouit les hommes,
facils a tromper, va être confondue. Les hommes,
ne jugant des vices et des vertus, que par ce qui les
chauque ou les accommode, sont aveugle et surle bien
et sur le mal : ici une lumière divine renverce tout
leur jugement superficiel ; elle condamne souvant ce
qu'ils admirent, et justifient ce qu'il condamne.

XX.

Sous le paule arctic, aux extrémitées du monde
connu, et au couchant de l'astre du jours, est une
pleine inculte et arride, ou le Temps, monstre crée
avec la Terre, reigne despotiquement. Ce fière tirant
de tous se qui respire, ellevé sur une collone de
marbre blanc, étalle sur un même frond les grasses
de l'adolessance et les rides de la viellesse. Son visage,
mipartit par une longue barbe grize, laisse voire une
décrépitude parfaitte a coté de l'embompoint de la
jeune virilité ; son corp, toujour prêt a vollé, ne
porte que sur un pié, qu'il apuit légèrement sure une
orloge de sable ; les Heures, qui le fonts coullé, en
content scrupuleusement tout les grins ; lui-même il

tient une feau trenchante dans ces mains, et de ses
yeux persans, qui ne se livres jamais au someille, il
choisi ses victimes dans la multitude innombrable de
mortels supliant qui implore sa pitiée. Mais ce monstre également dure et sourt, sans égare n'y pour
l'âge qu'il affébli, n'y pour les conditions qu'il an-
néanties, ni pour les sexces qu'il confont, ni pour la
bauté qu'il flétrie, ni pour l'esprit qu'il énerve,
agittant ses ailles longues et bleâtres, chasse loin de
lui les jours, les mois, les annés, et frape indisting-
tement tantôt un fils unique, l'espérense de toute
une famille, tantôt un monarque chérit qu'il pressi-
pite du trône presque aussitôt qu'il y ait monté : quelquefois il arache une jeune épouse du lie nupcial, et
change la joie d'un doux iméné en pompe funaibre.
Souvant il épargne un viellar caduque et gouteu pour
tranché les jours d'un jeune homme sein et robúste.
Il ne laisse en fin tomber sa faut meurtrière sur les
viellarts qui l'environne que lorsque son bras apesentit
de lacitude ne peut s'étandre au loing pour choisire
ces victimes. Alors ils tombent, semblables au feuilles
jonâtres que le soufle du rigoureux acquillon secout
des harbres sur la fin de l'automne.

XXI.

Tel sont les jeux cruelles qui amuse le Temps,
lorsque de sa faut senglante il frape les victimes.
L'afreux contrecou qui les livrent à la Mort, em-
pressé de les enlevés, leur ouvrent ces noirs barières
qui servent de porte a l'éternitée. S'est par la que les
ames antrent dans cette empire immance, d'ou nulle
mortel ne peut revenir à la lumière. Son insassiable

vorassité ne se borne pas au feibles mortels ; empires, roiaumes, républiques, palaits, tout éprouvent sa dant de fer. Les monuments respectable de l'art ne sont pas plus respecté que les chefs-d'euvres de la nature : au tour de lui sont entacés les débrits des dignitées et des grandeurs umaines, courones fracacés, septres brisés, trônes mis en poudre, et sur les ruines des quelles il élève d'autre trônes qu'il r'enverse incontinant. Il se fit un jeu d'élever les quatres grands empirs du monde, de les détruires tour-à-tour les un par les autres, et d'en faire disparètre les nations. Devent lui passe rapidement les générations, les viellards poussés par les hommes d'un âge virile, et ceux-ci par des anfants. Telle est le Temps, qui anglouti et dévor tout ; mais à la fin des siècles, ce monstre, dévoré lui-même, expirera au portes de l'éternité.

XXII.

L'OMBRE DE FABRICIUS AUX ROMAINS.

Oh ! Fabricius ! qu'eut pansé votre grande ame, si, pour votre malheur, rapellé à la vie, vous ussiez vue la face pompeuse de cette Rome sauvé par votre bras, et que votre non respectable avait plus illustré que toute ses conquettes ? Dieux ! ussiez-vous dits, que son devenu ces tois de chômes et ces foyés rustics qu'abitait jadis la modération et la vertue ? Quelle splandeur funeste a succédée à la simplicité romaine ! Qu'elle est ce langage étrangé ? Qu'elles sont ses mœurs éféminés ? Que signifie ses statues, ses tablaux, ses édifices ? Insencés ! qu'avez-vous faits ? Vous, les maîtres des nations, vous vous êtes rendu les esclaves des hommes frivols que vous avez vincu ; ce sont des rétheurs qui vous gouvernes : s'est pour enrichir des architectes, des pintres, des statuères, et des istrions, que vous avez arosés de votre sang la Grèce et l'Asie. Les dépouilles de Carthage sont la proie d'un joueur de flutte. Romains, âtez-vous de renvercé ses enfitéâtres ; brisez ses marbres, brullez ses tablaux, chassez ses esclaves qui vous subjugues et dont les funestes arts vous corompes. Que d'autres mains s'illustrent par de veins talants : le seule talant digne de Rome est celui de conquerrir le monde, et di faire régné la vertue. Quand Cynéas pris notre cénat pour une assemblé de rois, il ne fût éblouit, ni par une pompe veine, ni par une éléguance recherché ; il ni entendit point cet élocance frivolle, l'étude et le charme des hommes futils. Que vit donc Cynéas de magestueux ? Oh citoyens, il vit un spectacle que ne donnerons jamais vos richesses, ni tout vos arts, le plus beau spectacle qui est jamais parut sous le ciel, l'assamblé de deux cent hommes vertueux, digne de commander à Rome et de gouverné la terre.

XXIII.

Périclès s'apperçu de bonheur que sa naissance et ces richesses lui donnait des droits et le rendait suspec. Un autre motife ogmantait ses allarmes. Des viellards qui avaient connus Pisistrate croyaient le retrouver dans le jeune Périclès ; s'était, avec les mêmes trets, le même son de voie, et le même talant de la parolle : il faloit se faire pardonné cette resemblance,

et les aventages dont elle était accompagné. Périclès
consacra ces premières annés à l'étude de la filosofie,
sans se mellé des afaires public , et ne paraissant em-
bitionné d'autre distingtion que celle de la valeure.

Après la mort d'Aristide et l'exile de Thémistocle,
Cimon pris les raines du gouvernement ; mais souvant
ocuper d'expéditions lointeines , il laissait la confiense
des Athéniens floter entre plusieur concurants incapable de la fixée. On vit à lors Périclès se retiré de la
sossiété , renonser aux plésirs , atirer l'atantion de la
multitude par une démarche lante , un maintient des-
cent , un extérieure modeste , et des meurs irrépro-
chables. Il parrût en fin à la tribune , et ses premiés
essaits étonnèrent les Athéniens. Il devait à la nature
d'être le plus élocant des hommes ; et au travaille ,
d'être le premié des horateurs du la Grèce.

Les maîtres sélèbres qui avait ellevés son anfance ,
continuant à l'éclairé de leurs conseilles , remontait
avec lui aux principes de la moral et de la politique :
son géni s'apropriait leur connaissances , et' delà
cette profondeur , cette plainitude de lumières , cette
force de stil , qu'il savait adoussir au besoin ; ces
grasses qu'il ne négligait point , qu'il n'afecta jamais ;
tant d'autres calités qui le mirent en état de persuadé
ceux qu'il ne pouvait convaincre , et d'entrêner ceux
mêmes qu'il ne pouvait n'y convincre n'y persuader.

XXIV.

On trouvait dans ses discours une magesté impo-
sante , sous laqu'elle les esprits restait acablé : s'était
le fruit de ses conversations avec le filosophe Anaxa-
gore , qui , en lui dévelopant le prinsipe des aîtres et

des fénomènes de la nature, semblaient avoir agrandit son ame naturellement ellevé.

On était pas moin frapé de la dextérité avec la quelle il pressait ses adversères , et se dérobait à leur poursuittes : il l'a devait au filosophe Zénon d'Éléc , qui l'avait plus d'une foi condui dans les détours d'une dialectique capcieuse, pour lui en découvrir les issus secrettes. Aussi lun des plus grands antago- niste de Périclès disait souvant: « Quant je l'ai térassé, et que je le tient sous moi, il s'é crit qu'il n'est point vincu , et le persuàde a tous le monde. »

Périclès connaissait trop bien sa nation pour ne pas fondé ces espérense sur le talant de la parolle ; et l'exellance de ce talent, pour n'être pas le premié à le respecté. Avent que de parraître en publique , il s'avertissait en secret qu'il alait parler a des hommes libre , a des Grecs , a des Athéniens.

Cependant il s'éloignait le plus qu'il pouvait de la tribune , parceque, toujours ardant a suivre avec lan- teur le proget de son élévation , il craignait d'éfasser par de nouvaux succèts l'imprétion des premiés , et de porter trop taut l'admiration du peuple à se point d'ou elle ne peu que dessandre. On juja qu'un hora- teur qui dédégnait les applodissements dont il était assurés méritait la confience qu'il ne cherchait pas , et que les affaires dont il faisait le rapport devait être bien importante , puisqu'elles le forçait à rompre le cilence.

On consut une haute idé du pouvoir qu'il avait sur son ame , lorsqu'un jours que l'assamblé se prolonga jusqu'à la nui , on vit un simple particulié ne sesser de l'interrompre et de l'outragé , le suivre avec des ingures jusque dans sa maison ; et Périclès ordonner froidement a un de ses esclave de prendre un flambau et de conduire cette homme chez lui.

XXV.

Après la mort de Cimon, Thucydide, son bau-frère, tacha de r'animé le partit chanselant des principeaux cytoyens. Il n'avait pas les talents militaire de Périclès ; mais ausi abille que lui a manié les esprits, il mainteint pandant quelques temps l'équilibre, et fini par éprouvé les rigeurs de l'exile.

Des ce moment, Périclès chánga de systhème : il avait subjugué le partie des riches en flatant la multitude ; il subjuga la multitude en réprimant ses caprisses, tantôt par une opposition invisible, tantôt par la sagesse de ses conseilles, ou par les charmes de son élocance. Tout s'opéraient par ses volontées ; tout se faisaient, en aparanse, suivant les reigles établis ; et la liberté, rassuré par le mintient des formes républiquaines, expirait s'en qu'on s'en apersu, sous le poid du géni.

Plus la puissance de Périclès ogmentait, moins il prodigait son crédit et sa présance. Renfermé dans un petit sercle de parants et d'amis, il veilliait, du font de sa retrette, sur toute les parties du gouvernement, tendis qu'on ne le croiyait ocuper qu'à passifier ou boulverser la Grèce. Les Athéniens, docils au mouvement qui les entraînaient, en respectait l'auteur, parcequ'ils le voyiait rarement imploré leurs sufrages ; et, aussi exessif dans leurs expressions que dans leurs sentiments, ils ne représantaient Périclès que sous les trais du plus puissant des

dieu. Faisait-il entandre sa voie dans les ocasions
escensiels, on disait que Jupiter lui avait confier les
les éclaires et la foudre. N'ajissait-il dans les autre
que par le ministère de ces créatures, on se rapellait
que le souverin des dieux laissaient à des génis subal-
terne les détailles du gouvernement de l'univer.

XXVI.

J. J. ROUSSEAU A LA CAMPAGNE, S'IL ÉTAIT RICHE.

Comme je serais peuplé avec le peuple, je serais
campagnart aux champs ; et quant je parlerais
d'agriculture, le paysant ne se mocqueroit pas de
moi. Je n'yrait pas me bâtire une vile en campagne, et mètre au font d'une provinse les thuilleries
devent mon appartement. Sur le panchant de quelque agréables colines bien ombragé, j'aurais une
petite maison rustic, une maison blanche avec des
contre-vens verd ; et quoi qu'une couverture de
chôme soit en toute saison la mellieure, je pré-
ferrerais magnifiquement, non la triste hardoise,
mais la thuille, parcequ'elle a l'air plus propre et
plus gué que le chôme, qu'on ne couvre pas autrement les maisons dans mon péis, et que ce là me
r'apelerait un peut l'heureux tems de ma jeunesse.
J'aurais pour coure une bascoure, et pour écurie
une étable avec des vaches, pour avoir du létage,
que j'aime baucoup. J'aurais un potagé pour jardin,
et pour parque un jolie vergé. Les fruits, a la
discression des promeneurs, ne serait ni contés ni
ceuillis par mon jardinié ; et mon avare magnifisence
n'étallerait point aux yeux des espalliés superbes au-
quels apeine on ausa touché. Hor, cette petite prodi-

gualité serait peu coutteuse , parceque j'aurais choisis mon azille dans quelques province éloigné ou l'on voit peut d'argant et baucoup de danrés , et ou reigne l'abondance et la peauvreté.

XXVII.

La , je rasemblerois une sociétée plus choisi que nonbreuse , d'amis aimants le plaisir , et si connaissants , de fammes qui pussent sortirent de leur fauteuille et se pretter au jeux champaîtres , prandre quelquefois , au lieu de la navette et des cartes , les glueaux , le ratau des fanneuses , et le pannié des vandangeurs. La , tout les airs de la ville serait oublié ; et , devenu vilagois au vilage , nous nous trouverions livré a des foulles d'amusements diverts , qui ne nous donnerait chaque soirs que l'embaras du choi pour le landemin. L'exersice et la vie active nous ferait un nouvelle estomat et de nouvaux goût. Tout nos repats seraient des festains, ou l'abondance plairait plus que la déliquatesse. La gaitée , les traveaux rustics , les follâtres jeux, sont les premiés cuisiniés du monde ; et les ragoux fin sont biens ridiculs a des gens en allaines de puis le levé du soleil. Le servisse naurait pas plus d'ordre que d'éléguanse ; la sale a mangé serait par tout, dans le jardin , dans un battau , sous un harbre , quelque fois au loin , prêt d'une sourse d'eau vive , sure l'erbe verdoiante et frèche , sous des toufes d'aunes et de coudriés ; une longue prossession de gués convives porterait en chantants l'après du festain ; on aurait le gason pour table et pour chèse , les borts de la fontaine servirait de bufait, et le dessert panderait aux arbres. Les mais seraient servi sans ordre, l'apéti dispancerait des fassons; chaqu'un, se préférent ouvertement à tout autres, trouverait bon que tout autres se préféra de même a lui; de cette familiarité cordialle et modéré nêtroit sans grossierté, sans fosseté, sans contrinte, un confli badain, plus charmant cents fois que la politesse, et plus fait pour lié les cœurs.

XXVIII.

Point d'importun laquets épiants nos discours, criticant tout bas nos mintients, contant nos morseaux d'un œuil avide, s'amusant a nous faire atandre a boire, et murmurant d'un trop long dîner. Nous serions nos vallais pour être nos maîtres; chaqun serait servit par tous; le temp passerait sans le conter; le repa serait le repot, et durerait au tant que l'ardeure du jour. S'il passait prêt de nous quelques paysauts retournant au travaille, ses outis sur l'épôle, je lui réjouirait le cœur par quelque bons propos, par quelque cous de bon vin, qui lui ferait porter plus guément sa misère; et moi j'aurais ausi le plaisir de me sentire émouvoir un peut les antrailles, et de me dire en secret, je suis encor homme.

Si quelle que fète champaître r'asemblait les abitants du lieux, j'y serais des premier avec ma troupe: si quels ques mariages, plus bénits du ciel que ceux des villes, se faisait a mon voisinage, on sorait que j'aime la joie, et j'y serais inviter. Je porterais a ses bonnes gens quelques donts simples comme eux, qui contriburait à la fète, et j'y trouverais en échenge des biens d'un pris inestimable, des biens si peu connu de mes égaux, la franchise et le vrait plésir. Je souperais guaiment au bou de leur longue table ; j'y ferait corus au refrin d'une vielle chanson rustique , et je danserais dans leurs granje de mélieur cœur qu'au balle de l'opérat.

XXIX.

LE PRINTEMPS DU CLIMAT DE LA GRÈCE.

Dans l'heureux clima que j'abite , le printemps est comme l'horore d'un beau jours : on y joui des biens qu'il amenne et de ceux qu'il promait. Les feux du soleil ne son plus obscursi par des vapeures grossières, ils ne sont pas encor irité par l'aspec ardant de la canicule ; s'est une lumière pur , innaltérable , qui se repause doucement sur tout les obgets ; s'est une lumière dont les dieux sont couronné dans l'Olympe.

Quant elle se montre a l'orison , les harbres agittes leurs feuilles nessantes , les borts de l'Ilissus retantissent du chant des oisaux ; et les écots du mont Hymette , du son des chalumaux rustics. Quant elle est prêt de s'étindre , le ciel se couvre de voiles éteincelants ; et les ninfes de l'Attique vont d'un pas timide esseyer sur le gason des danses légères : mais bientôt elle se hâte d'éclor ; et alors on ne regrète n'y la frêcheur de la nui qu'on vien de perdre, n'y la splandeur du jour qui l'avait précédé ; il s'emble qu'un nouvaux soleil se lève sur un nouvelle univer , et qu'il aporte de l'Orient des couleurs inconnus aux mortels. Chaque instants ajoutte un nouvau trait au bautés de la nature ; a chaque instants le grand ouvrage du dévelopement des êtres avancent vers sa perfection.

Oh jours brillants! oh nuis délicieuses! qu'elle émotion exitait dans mon ame cette suitte de tablau

que vous offryez a tout mes sens! Oh dieu des plésirs!
oh printemp! je vous ai vue cet année dans toute
votre gloire, vous parcourriez en vincœur les campagnes de la Grèce, et vous détachiez de votre tête
les fleurs qui devait les embelirent : vous paressiez
dans les vallés, elles se changaient en préries rien-
tes ; vous paressiez sur les montagnes, le cerpolait et
le teint exallait mille parfuns ; vous vous elleviez dans
les airs, et vous y répendiez la cérénité de vos regarts.
Les amours empressés acourait a votre voie ; ils len-
saient de toute parts des traits enflâmés, la terre en
était embrasé. Tout renaissaient pour s'embélire :
tout s'embelissaient pour plaire. Telle parut le monde
au sortir du cahot, dans ces moments fortunés ou
l'homme, éblouit du séjour qu'il abitait, surprit et
satisfait de son existance, semblait n'avoir un esprit
que pour conaître le bonheur, un cœur que pour
le desirer, une ame que pour le sentir.

XXX.

VOLTAIRE A M. THIRIOT.

Oui, je vous injurirai jusqua ce que je vous ai
guéris de votre parresse. Je ne vous reproche point
de soupé tout les soirs avec M. de la Poplinière ; je
vous reproche de borné la toute vos pansés et toute
vos espérences. Vous vivez comme si l'homme avait
été créé uniquement pour soupé, et vous n'avez
d'existance que depui dix heures du soire jusqua
deux heures à près minuie. Il ni a soupeur qui se cou-
che, ni bégeule qui se lève plus tart que vous ; vous
restez dans votre trout jusqu'à l'heure des spectacles
à discipé les fumés du souper de la veille, ainsi,

vous n'avez pas un moment pour panser à vous et
a vos amis ; ce là fait qu'une lettre devient un fardot
pour vous. Vous êtes un mois entié à répondre....
Il faut vous préparer une arièresaison tranquile, heureuse, indépandante. Que deviendrez-vous quant
vous serez malade et abandonné? serasse une consolation pour vous de dire, J'ai bus du vin de Cham-
pagne autre fois en bonne compagnie? Songez qu'une
bouteille qui a été faîtée quand elle était plainé d'eau
des Barbades, est jetté dans un coin des quelle est
cassé, et quelle reste en morseau dans la poussière;
que voilà ce qui arive a tout ceux qui nont songé
qu'à être admit a quelque soupers; et que la fin d'un
viel inutil infirme est une chose bien pittoyable. Si
cela ne vous exite pas a secoué l'engourdissement
dans le quel vous laissez votre ame, rien ne vous
guériras. Si je vous aimait moin, je vous plésenterait
sur votre paresse; mais je vous aime, et je vous
gronde baucoup.

XXXI.

MADAME DU MAINE A MADAME DE LAMBERT.

Il s'est fait une terrible métamorfose en moi de puise
votre abcense, madame; je ne résonne plus, je
n'écris plus, je crois même que je ne panse plus :
s'est aprésent que je puis dire avec vérité que je suis
rentré dans le néan. J'avais raison de crindre que la
forme sous la quelle vous me faisiez parraître n'eutt
rien de réelle. Mon peauvre esprit était comme ses
cadavres qui paressent des beautés admirables tantt
qu'un art magique les animent, et qui ne sont plus

que des squelettes sitôt que le charme est finit. Je suis présisément comme ses gens qui sortes d'un someille pandant lequelle ils croyent avoir des richesses en abondance, et qui sont au désespoire, a leur réveille, de se trouver aussi pauvre qu'au paravent. En vérité, ma dame, il y aurait trop de cruotée à me laissée lontemps dans cette situation. Je ne pourait men prendre qu'à vous de tout les dégoux que m'atireraient le changement qui c'est fait en moi. Revenez donc, madame, si vous ne voulez pas me causé toute sortes de malheur. Venez me faire reparaître tel qu'on me voiait par la vertue de vos anchantements.

XXXII.

Qu'elle moment qu'une battaille, pour un homme telle que Catinat, déjà familiarisé avec l'art de vincre, et capable de la concidérer en filosofe, en même temps qu'il la dirigait en guerrié! Qu'elle spectacle que cette foulle d'hommes rasemblé de toute parts, qui tous semblent n'avoir alors d'autre ame que selle que leurs donnent le générale; qui, agrandit les uns par les autres, élevé audessu d'eux-mêmes, vont exécutés des prodiges don peutêtre chaqun d'eux, abandonné a ces propres forces, n'ut jamais consu l'idé! Ah! la multitude est dans la main du grand homme; on nen fait rien quand la transformant, pour insi dire, quand faisant passer en elle un instint qui la domine, et quelle n'est pas maîtresse de repoussée. Alors le pérille, la mort, la crinte, les petits intérêts, les passions villes, s'éloignent et disparessent, le crie de l'honeur, plus fort, plus imposant, plus retantisant que le brui dès instruments militaire, et

que le fraca des foudres , fait n'aître dans tout les
esprits un même entousiasme : le générale le meut,
le dirige , l'annime, et ne le rescend pas ; seule, il
n'en n'a pas besoin. La pansée du salu de tous le
r'enplit sans l'agitter ; elle ocuppe toute les forces de
sa raison receuilli. Tous ce qui ce fait de grand lui
apartien, et lui-même est au-dessu de cette grandeure. Son œuil, toujours ataché sur la victoire, l'a
suit dans tout les mouvements qui sembles l'éloigner
ou la r'aprocher ; il la fixe , l'enchêne enfin , et
voyiant alors tout le sang qu'elle à couttée , il se dé-
tourne du carnage , et se consolle en regardant la
patrie.

XXXIII.

PASSAGE DES ALPES PAR FRANÇOIS PREMIER.

On parc ; un détachement reste et ce fait voir sur
le Mont-Cénis et sur le Mont-Genèvre , pour in-
quietter les Suisses et leurs faire crindre une ataque.
Le reste de l'armée passe a guai la Durance , et s'engage dans les montagnes, du cauté de Guillestre ;
trois milles pioniers la précède. Le fer et le feu lui
ouvre une route dificile et périllieuse a travert des
rochés ; on rempli des vides immances avec des fas-
sines et de gros harbres, on bâtit des ponts de comu-
nication ; on traîne , aforce d'épaules et de bras,
l'artilerie dans quelques androits innaccessible au
bêtes de somme : les soldats aide les pionniés ; les
officiés aide les soldats, tous indistinctement manies
la pioche et la cogné, poussent au roues, tirent les
cordages ; on gravi sur les montagnes ; on fait des

effors plus qu'umains ; on brave la mort, qui semble ouvrire mille tombaux dans ses vallés profonde que l'Argentière arose ; et ou des torrans de glasses et de neige fondues par le soleil se précipite avec un fraca épouventable. On ause apeine les regardés de la sime des rochés sur les quels on marche en trambant par des centiés étroits, gliçants, et rabotteux, ou chaques faux pas entraîne une chutte, et d'ou l'on voit souvant rouler au font des habimes et les hommes et les bêtes avec toute leur charge. Le bruit des torents, les cries des mourrants, les hanissements des cheveaux fatigué et effreyé, était horiblement répettés par tout les écots des bois et des montagnes, et venait redoublé la terreure et le tumulte. On ariva enfin a une dernière montagne, ou lon vit avec douleure tant de traveaux et tant d'efforts près à échoués. La sape et la mine avait renverser tout les rochés qu'on avait put aborder et entamer ; mais que pouvait-elle contre une seulle roche vive, escarpé de tout côtés, impénétrable au fer, presque innaccessible aux hommes ? Navarre, qui l'avait plusieur fois sondé, commansoit a désespéré du succèt, lorsque des recherches plus heureuses lui découvrir une vaine plus tandre qu'il suivit avec la dernière précision : le roché fût entamé par le millieu ; et l'armé, introduite au bout de huit jours dans le marquisa de Saluces, admirat ce que peuve l'industrie, l'audace, et la percévérence.

XXXIV.

IDYLLE DE GESSNER.

Elle ne vient point encor la belle Daphné ! Je

veut me coucher ici sur l'erbe , et l'atandre au bort
de cette fonteine. J'employrai ces moments a observer au tour de moi la campagne , et je pourai
tromper mon impassiance. Noir forrêt de sapin ,
dont les tiges roujâtres se pressent les unes les autres,
et s'élencent comme des flaiches a travert les ombres
épesses ; chaînes entiques , et toi , fleuve magestueux
et rapide , qui du sain de ces montagnes grizâtre
roule a grand bruis tes flaux argantés , se n'est point
vous que je veut voir. Le gason qui m'environne
cera pour moi toute la contré. Que j'aime ton doux
murmur , fèble ruissaux , qui t'échape à traver le
creçon et le bécabunga , dont les fleures asurés s'ellèvent audesus de ta surfasse ! Ton onde , amonselé au
tour de leur tiges tranblottantes , y forme de petits
anaux éteinselant. Une erbe épaice couvre les deux
borts et les embélis de mille fleures. Ces fleurs s'in-
clinent a l'envie , comme pour ombragé ton cour ;
tes eaux linpide coules sous leur voute émaillé , et
brille du reflait de leurs couleurs.

XXXV (*suite*).

Parcourrons des yeux cette petite forait de gason:
qu'elle riche variétée dans les nuences de cette verdure ; éclairé par le soleil ! L'hombre de chaque tige
agitté voltige sa et la sur les tiges voisines. Des toufes
de plentes déliés étandent entre les gazons leur
tandres ramaux et leurs feuilliages diversifié : d'autres
s'élèvent audessu de l'erbe qui les environnent , et
balanse au grés des zéphyres leurs tijes chargés de
fleur. Mais toi , violette purpurine , cimbole du vrai
sage , tu reste humblement confondu avec les plentes

les plus comunes , et tu répens au tour de toi les plus doux parfuns , tendis que des fleures sans audeure porte audessu des gasons leur tête altière , et appelle fastuesement nos regarts. Des vermiceaux élés se poursuives sous l'herbe ; tantôt mon euil les perts dans l'ombre verdâtre, tantôt je les revoies en foules sagitter aux reyons du soleil , ou sanvoler par légions innombrable , et faire au millieu des aires mille évolutions brilliante.

XXXVI (*suite*).

Qu'elle fleure , paré des plus belles couleures, s'emble être bersé par les vants au bort de cette fontaine ? Qu'elle frêcheur ! qu'elle vif écla !... Mais non , agréable herreur ! le papillion senvolle , et laisse loin de lui le brain d'erbe encor tramblant. Qu'elle autre incecte passe en bourdonnant , couvert d'une armur noir , et portée sur des ailles d'un rouge éclattant? Il se pause sur la campanelle voisine : peutêtre esse prêt de sa compagne. Oh ruissau ! rallentit ta course , adoussit ton murmur. Et vous , séphirs , craignez d'abitter l'erbe fleurit... Esse une illuzion? ou bien entandrait-je en effet des sont d'une finesse et d'une dousseur innexprimable? Ils chantent , ñen doutons pas ; mais notre orreille est trop émousé pour santire une armonie aussi déliquate, comme notre œuil est trop peut persant pour appersevoir les tendres linéaments de leur organisation. Qu'elle agreable bourdonnement retantit au tour de moi ! Qui peux faire mouvoir ainsi toute les fleurs? C'est un essein de petites abeilles ; quitant leur abitation lointeine , elles on prit guément leur essort, pour se répendre au loin sur les préries et dans les jardins. La , elles choisissent avec une atantion éclairé , et r'asemblent avec ardeure le jaune butain dont elle vont , a leur retour , grosir le trésort de leur république. Tout les menbres concourt avec un égale empressement au bien commun , et il ne si trouve auqun cytoyen oisif. Elles voltigent sa et la de fleurs en fleurs : tantôt dans le court de leur recherche elles plongent leurs petites têtes velu dans le calisse de la fleure épanouit , tantôt elles pénètrent avec effort , et sencevelissent toute entières antre les pétalles qui ne s'ouvre point encor. La fleur se referme de nouvau , et dérobe aux yeux le petit volleur qui lui enlève les trésorts que peut-être un jours plus tart elle aurait d'elle même étallé à la rosé du matin.

XXXVII (*suite*).

Labas , sur cette fleure élevé de treffle , se pause un petit papillion ; il déploit ces ailles bigarrés ; de petites taches de pourpre sont répendu sur leur font d'argant , et sur leurs borts une lizière d'or se marie avec les nuences d'un bau verd. Le voilà pompeuse-ment assi ; une petite égrette de plumes arjantés part sa tête mignone. Beau papillion ! inclines la fleur qui te portes ver le ruisseau , comtemple-s-y ta beautée , a lors tu resemblera a la charmante Belinde , qui oublit devent son miroire quelle devrait être quelle que chose de plus qu'un papillion. Sa parure n'est pas si brilliante que tes ailes , mais elle panse aussi peut que toi.

Qu'elle jeu tumultueux commansez-vous , follâtres zéphyrs ! les voilà qui court lun à près l'autre , et se roule sur le gason. Semblable aux flaux qu'un soufle légé chasse devent lui sur la surfasse d'un étand, l'erbe ondoïante se courbe devant eux , et leurs sèdent en murmurant. Le petit peuple chamaré , dont elle est l'azil, senvolle et contemple avec effroit du milieux des aires tous ce boulversement. En fin , les zéphyrs se repausent de nouvaux ; l'herbe et les fleurs r'apellent leurs abitants , et les invites doucement a redessandre.

XXXVIII (*suite*).

Mais qu'appersoije ? que ne puije me randre invisible ! Fleurs, caché moi ! voici le jeune Hyacinthe qui passe labas avec son belle abit tout éclattant d'or. Il traverce à la hâte le ville gason qu'il foulle aux piés ; il passe a côté de la nature en siflant. S'est en vin qu'elle lui sourie. S'est pour lui une bauté trop entique ; il court chez la divine Henriette : c'est la que le beaux monde se r'asemble au tour d'une table de jeux ; c'est la que son abit raviera les yeux des plus fins connesseurs, bien mieu que l'éclat enflâmé d'un beau soire. O ! qu'il vat rire, s'il me vois loin du monde remper sur l'herbe parmis les insectes ! Mais dégnez m'escuser, illustre Hyacinthe , si j'ai la sottise de perdre l'ocasion de contemplé l'éléguanse de votre démarche et l'écla de votre abit: je suis ocuppé a considérer un vermiceau qui monte sur ce brint d'herbe ; ces ailes changantes étalle pompeusement sur un font d'un baux verd doré toute la variétée des couleurs de l'arque en ciel. Pardonnez, illustre Hyacinthe , pardonnez à la nature d'avoir donnée a un misérable insecte un abit plus magnifique que l'art le plus recherché ne peux vous en procurer, a vous, dont l'esprit sublime abandonne dédégneusement la consiance et la religion au stupide vulguère.

Mais je la voit venir la belle Daphné: je volle a ces cautés. A dieu, fleurs charmante, et vous, petits abittants des préries : je vous quittes ; mais vous me ferez encor éprouvé plus d'une foi les même transports. Vous me ferez encor goutter le plésir ravissant de contamplé, dans les plus petittes merveilles de la nature, l'heureuse armonie du baux et de l'util, ataché l'un a l'autre par des liens indissolubles et pour jamais unis dans des embrassements éternelles.

La belle Daphné vient ; la voilà déjà prêt de moi. Comme sa robbe verte flote légèrement au grés des zéphires! Comme sa bouche sourie agréablement! Que ces yeux sont beau ! Mais tout les charmes de ces baux yeux serait perdu pour moi, s'ils ne paignait pas les sentiments de la plus belle ame et du cœur le plus noble.

XXXIX.

Venez dîné chez moi, dit un jour le renart à la sigogne : je veut vous y tréter, et de mon mieu. Celle ci, sans se faire beaucoup prié, acceptat la partie, et si rendit à l'heur marqué. L'accœuil fût des plus obligant, mais la chaire ni répondit pas. Pour tout met, l'haute servit a sa voisine, sur une assiete fort platte, sertain brouait si claire, que tout se qu'elle pût faire pandant tout le repat se fût de becter le plat, et presque toujour sans rien prendre ; apeine pu-t-elle en goutter. Le renart lappa le tout en moins de rien, non s'en rire de la sigogne qui discimulait son dépi, aussi piqué qu'afamé. Il n'en rit pas long-temps : le même jours, la sigogne l'invita a venir soupé chez elle, et lui servie dans un vase dont l'embouchure était fort longue et fort étroite, de la chaire aché ; et celle-ci, qui profittait à lors de l'aventage que lui donnait son long bec, manga tout a son aise, et se mit a rire a son tour du trompeur, qui, rédui pandant tout le festain a ne léché que les borts du vase, quita, en fin la partie, et, demie mort de fin, se retira avec sa courte honte.

XL.

Qu'elles sont les auteurs de tants de meaux, les coupables de tants de crimes ? Se ne sont pas ceux qui, ataqué, se deffandes ; mais se sont les aggres-seurs, les souverins et leurs ministres qui déclare la guère, qui desside que tel contré sera ravagé, insendié, et que telles abitants serons pilliés, tués, pour leurs interrèts, pour leurs passions. Qué leurs importent ? ils ne s'expauseront a aucun dangé, il ne verrons point la terre beigné de sang humin, n'y le tableau désolant et orrible d'un chant de bataille ; ils n'entan-drons point les cris des mourants, ils ne santirons rien des résultats déplorables de la guère : froidement et s'en frémire, ils cignerons l'ordre de l'entreprandre ; l'ordre de comètre de grands crimes, de coser de grand meaux, puis yront tranquilement a la table, à la messe, où a la chasse.

XLI.

Monsieur Dugas, prévaut des marchants, à Lyon,

reçu des boulengés de cette ville, une suplique par laquel ils demendaient la permission de r'enchérir le pain : le majistrat, prenant leur requaite, leurs dit qu'il examinerait leur demande. En sortants, les boulangés mirent une bourse de deux cent louis sûr la table, ne doutants point qu'avec une tel précotion leur demande n'eut le succèt qu'ils avaient espérés. L'orsqu'ils retournèrent a l'autel pour retiré leur requaite, le vertueu majistra, en la leurs rendant, leur dit : Messieurs, j'aye paisé vos raison dans la balanse de la justice, et ne les ai pas trouvé de pois : je ne juge pas apropos qu'on doive, par une chereté mal fondé, faire souffrir le peuple. Au reste, Messieurs, j'ai distribué votre arjant au deux hôpiteaux de la ville : je n'ai pas crut que vous en voulussiez faire un autre usage ; j'ai même comprit que, puisque vous étiez en état de faire de pareils haumônes, vous gagniez, bien loin de perdre dans vôtre métié.

XLII.

On lit dans les petites affiches de Montpellier de l'anné mille sept cents soixante-quatorze, une anecdote qui présante des traits de générositée et de reconnaissanse bien digne d'interresser les ames honêtes. Un bergé voyiant sa fame dangéreusement malade, se hâtat de recourrir à un chirugien : celui-ci promit au mari allarmé de voir son épouse jusqu'a ce quelle fut entièrement rétablit. En effet, il l'a vit exactement deux fois par jours pendant plus d'un mois. L'orsqu'il lui eût rendue la santée, cette homme généreux et plain d'uníanité, pénétré de l'éta de misère où cette famille était réduite, n'exiga rien pour ses soins, n'y même pour les remèdes qu'il avait fourni. Le bergé ne savait comment exprimé sa reconnaissance : il se rappela que son bien faiteur prenait du tabat; il achetta une tabattière de buit, et gravat sur le couvercle la figure d'une femme assise, seigné par un chirugien, avec cette légande au tour : *Je te blesses pour te guérire.* En suite il ofrit la tabattière a celui qui avait secourut sa femme d'une manière si désinterressé, et qui reçu cette effort industrieu de la reconnaissanse avec plus de plésir que de l'argant. Plusieurs personnes qui ont vues la tabatierre ont jugés cette ouvrage digne de nos meilleurs artistes.

XLIII.

L'île, qui est génerallement, mais très inégalement étroite, peut avoir une surfasse de trante six lieux carés. Des monts entassés, stérils, quoi que couvert de verdure, et qui ocupe le tier du terrin, la coupe dans presque toute sa longeur. Du pié de ses montagnes sortent une infinité de sourses qui, là plus parts, tarrissent maleureusement dans la saison seiche. On voit éparse dans la pleine, des abitations agréables, propres, comodes, orné d'avenus, de fonteines, et de bosquaits. Le goût de la vie champaître, qui c'est plus conservée en Angleterre que dans les autres contrés de l'Europe sivilisé, est devenu une sorte de passion a Saint-Christophe. Jamais on y senti la nécessitée de se réunire en petites assamblés, pour tromper l'ennuie ; et si les Français ni avaient laissés une bourgade ou leurs meurses raignent encore, on y connaîtrait point cette esprit de sossiété qui enfente plus de tracaceries que de plaisirs ; qui, nourit de galanterie , aboutit à la débeauche ; qui commanse par les jois , et fini par les querelles du jeux.

XLIV.

C'est a Saint-Christophe que ce passa, en mille sept cents cinquante-six , une cène digne d'être racconté.

Un neigre fût assosié des l'enfanse aux jeux de son jeune maitre. Cette familliarité , communément si dangereuse , étandit les idés de l'esclave , sans altérer son caracterre. Quazy méritat bien tôt d'être choisit pour directeur des traveaux de la plentation ; et il montra dans ce poste inportent une intelligeance rare et un zèle infatiguable. Sa conduitte et ces talants ogmantèrent encor sa faveure. Elle parraissait hor de toute attinte l'orsque ce chef des attelliers , jusqu'alors s'y chérit et s'y distaingué , fût soupçonné d'avoir menqué à la polisse établit , et publiquement menassé d'une punition umiliante.

Un esclave qui a lontemps échapé aux châtimenis infligé trop facilement et trop souvant a ces pareilles, est infiniment jalou de cette distinction. Quazy , qui creignait l'oprobre plus que le tonbau , et qui ne se flatait pas de faire révoqué par ses suplications l'aret prononsé contre lui , sorti , à l'entrée de la nui , pour aller invoquer une médiation puissante. Son maître l'appersu malcureusement et voulu l'arêté. On se prant corps à corps. Les deux chanpions, adroits et vigoureux , lute quelque moments avec des succèts varriés. L'exclave térasse a la fin son inflecsible énemi , le mets hor d'éta de sortire de cette situation facheuse, et lui portant un pognart sur le sain , lui tien ce discour : -

Maitre, j'ai été éllevé avec vous. Vos plésirs ont étés les miens. Jamais mon cœur ne connu d'autres interrêts que les votres. Je suis inocent de la petite faute dont on m'acuse ; et quant j'en aurais été coupable , vous auriez du me la pardoné. Tout mes sens s'indignes au souvenire de l'afront que vous me prépariez ; et voici par quelles moyens je veus l'évité. En disant ses mots , il ce coupe la gorje , et tombe mort sans modire un tirant qu'il beigne de son sang.

XLV.

Ils sont encouragé a ses louables traveaux par un ciel toujour pure et serin , par le clima le plus agréablement tampéré des deux émisfères , et sur tout par un sole dont la fertilitée étonne tout les voyageurs. Sur cette heureuse terre , les récoltes de vin , d'huille , quoi qu'assez négligament préparé , sont couadruples de celle que nous obtenons avec toutes nôtre activitée et toutes nos lumières. Aucuns des fruits de l'Europe n'à dégénéré. Plusieur de nos annimeaux ce sont perfectionnés ; et les cheveaux en particuliers ont acquit une vittesse et une fièreté que n'ont jamais eu les andalous dont ils dessandent. La nature a poussée plus loin ses faveures encor : elle a prodiguée a cette réjion un exellant cuivre qui est utilement employé dans l'encien et le Nouvau-Monde. Elle lui a donnée de l'or.

XLVI.

Par une de ses contrariétées innexpliquables du

cœur humain, mais comune a tout les peuples éclairés où sovages, on voie les neigres alier a leur poltronerie naturel une fermetée innébranlable. La même organisation qui les soumets à la cervitude par la parresse de l'esprit et le relâchement des phibres, leurs donnent une vigeur, un courage innouï pour un effor extraordinaire : lâche toute leur vie, hérots dans un moment. On à vue lun de ses malheureux ce coupé le pognet d'un cou de hache plutot que de r'achetter sa libertée par le vile ministère de bourau. Un autre avait été mit légèrement a la torture pour une faute de peut d'inportence, dont même il n'était pas coupable. Son resentiment le déside à ce sésire de la famille antière de son opresseur, et a la porter sur les toits. Le tirant veux r'entrer dans l'abitation, et le plus jeune de ses enfant est lensé a ces piés. Il lève la tête, et s'est pour voire tonber le segond. A genou et désespéré, il demende en tremblant la vie du troisième. La chutte de ce dernié regetton de son sang, acompagné de celle du neigre, lui aprant qu'il n'est plus père, n'y digne de l'être.

XLVII.

C'est une chose étrenge que de voir mètre le chapau a des gents qui non jamais eus que des bonets bleux sur la tête ; ils ne peuvent conprandre l'exercisse, ni se qu'on leurs deffent. Quant ils avaient leur mousquait sur l'épôle, et que M. de Chaulnes parraissait, ils voulaient le salué : l'arme tombait d'un cauté et le chappeau de l'autre. On leurs dits qu'il ne faut pas salué, et quant ils sont désarmé et qu'ils voyent passer M. de Chaulnes, ils enfonsent leur

chapeaux avec les deux mains, et ce garde bien de
salué. On leurs à dit qu'il ne faut pas brenlé n'y aller
et venir quant ils sont dans leurs rengs : ils se laissaient
l'autre jour roué par le carosse de madame de Chaulnes s'en vouloir se retirer quoiqu'on put leurs dire.

XLVIII.

Le conte de Guiche a fait une action dont le succès
le couvre de gloire ; car si elle eu tournée autrement,
il était criminelle. Il se charge de reconaître si la
rivière est gaiable ; il dit que oui : elle ne l'est pas.
Des escadrons antiés passe à la naje sans se dérengé :
il est vraie qu'il passe le premié. Celà ne c'est jamais
hazardé ; celà réussi. Il envelope des escadrons, et
les forceut à se randre. Vous voyiez bien que son
bonheur et sa valeure ne ce sont point séparées. Mais
vous devez avoir de grandes relations de tous celà.
Un chevallier de Nantouillet était tombé de cheval ;
il vat au font de l'eau, il revien, il y rantre, il revient
encor. En fin il trouve la queu d'un cheval ; il si
atache : ce cheval le menne a bort ; il monte sur le
cheval, ce trouve à la mellé, reçoit deux coups dans
son chapeau, et revien gaillart.

XLIX

MADAME DE SÉVIGNÉ A SA FILLE.

Vous me dite milles douceurs sur le commencement de l'anné : rien ne peu me flater d'avantage.
Contez, mon enfant, que cette anné et toute celles
de ma vie sont à vous. C'est un tissue, c'est une vie
toute entière qui vous est dévoué jusqu'au dernié
soupire. Vos moralitées sont admirables. Il est vraie

que le tems passe par tout , et passe vitte. Vous cryez aprêt lui, par ce qu'il vous emporte toujour quelque chose de vôtre belle jeunesse ; mais il vous en reste báucoup. Pour moi , je le voit courrir avec horreur , et m'aporter en passant l'afreuse viellesse , et en fin la mort. Voila de qu'elle couleur sont les réflections d'une personne de mon âge,

L.

PHRASES DÉTACHÉES.

Personne ne veux dessandre au font de soi–même , et toujour nous examinons la besasse qui pent sûr le dot de celui qui nous précèdes. — Le crime ce mest quelques fois a l'abrit du châtiment, mais jamais il n'échappe au remort. — On dore pésiblement sous le chôme. — Les malheureux croyent facilement se qu'ils souaitent avec hardeur ; quand a ce qu'ils redoutes, ils n'imajinent pas que rien puisse les en garentires. — Quelque soye le mérite , il est bien dificil de perser quant on à sansesse a luter contre les besoins domestique. — On trouve des moyens pour guérire de la folie , mais on en trouvent point pour redresser un esprit de travers. — Il y à une demie heure , et même trois quart d'heures que je vous atand. — La maison de campagne que nous avons achetés est a cinq lieux et demies de la capital. — Le trante du mois de juliet prochein je payrai au porteur du présant la somme de deux cent francs quatre–ving sentimes. — Mon fils est née le treise novenbre de l'anné mille sept cents quatre-vingts-trois, a cinq heures et demies du matin. — Mais , mon fils, tu ne me paraît pas méchant ; quelque conseille te pousses : rand-moi mes armes, vas-t-en. — Il faut que je parcours aujourd'hui tout les cartiers de la ville. — On veut que vous employez votre temps mieu que vous n'avez fais jusqu'aprésent. — L'expériance de tout les âges à prouvée que la tranquilité qui nait du pouvoir absolus réfroidi les esprits, abbat le courage, rétressit le géni, jette une nation entière dans une létargie universel. — Les colonnies françaises, établit par des hommes sans aveut, qui fuyiaient le frain ou le glève des loix, semblait dans l'origine n'avoir besoin que d'une polisse cévère. — Le sapain insultait au buisson. Vile avorton de la nature ! lui cryait-il, voit jusqu'ou je porte ma tête ; considères qu'elle étandue de terre je couvres de mes branches. — Voici nos provisions : un chevrau, un laperau, un levreau, un perderau. — Jamais je ne souaitai plus ardament d'être or d'ici. Plus je vais, plus je fais de veux pour la retrète et de pas qui men éloigne. — Les grands vandent trop chère leur protection pour que l'on se croye obligé à aucune reconnaissance. — En mille six cents soixante, le mariage du roi ouvrit a tout les poètes une carière dans la quelle ils signalèrent a l'envie leur zèle et leurs talants. — Le concour des événements au milieux des qu'elles fût placé la jeunesse de Vauvenargues servit à déveloper en lui le germe de talent qu'il avait reçut de la nature. — Tel était l'idée qu'avait de notre fabuliste les plus grands écrivins de ce siècle et tous ses contanporins qui, de nos jours, ont étés accusés d'avoir méconnus son rare mérite.

CHAPITRE IV.

Exercices sur l'accord des adjectifs, des verbes, des participes, et sur l'orthographe de quelques locutions qui demandent une attention particulière.

1. Moins contrarié dans leurs mouvements, les enfants pleureront moins, moins importuné de leurs pleurs on se tourmentera moins pour les faire taires ; menacé où flatté moins souvent, ils seronts moins craintif ou moins opiniâtre, et resterons dans leur état naturelle.

2. Le tamarin à la lèvre supérieur fendu à peu prêt comme celle du lièvre ; la tête, le corps, et la queue, garni de poils d'un brun noire et un peu hérissé, quoi que doux ; les mains et les pieds couvert de poils court d'un jaune orangée. Il a le corps et les jambes bien proportionnées.

3. De ces contradictions naît celles que nous éprouvons sans cesse en nous-même. Entraîné par la nature et par les hommes dans des routes contraire, forcé de nous partager entre ces divers impulsions, nous en suivons une composé qui ne nous mènent ni à l'un ni à l'autre but.

4. Cet espérance, toute chimérique qu'elle est, est si fort invétéré dans l'esprit de ce peuple, que le ministère obtient tout se qu'il veux, pourvu que les sommes exigés soit employé contre la France.

5. Quoi qu'ils soyent d'un naturel tranquille et doux, ils deviennes dangereux lorsqu'on les blessent.

6. Les anciens et les modernes conviennent que les lions nouveaux né sont forts petits, de la grandeur à peut près d'une belette, s'est-à-dire de six ou sept pouces de longeur.

7. Des lois difficiles furent successivement proposé pendant le cour de ce ministère; et, chose bizarre, l'animadversion qu'elles excitèrent c'est attaché a moi seul, qui n'y avait peut-être que la moindre part.

8. Notre bonne destinée a aveuglée les plus clairs-voyants de tous les hommes, rassurée les plus timides, endormie les plus soupçonneux, confondue les plus subtiles.

9. Combat infortuné, destin qui me poursuit!
O mort, mon seul recours, douce mort qui me fuit;
Ciel! n'a-tu conservé la trame de ma vie
Que pour tant de malheurs et tant d'ignominie?

10. Il renvoyat dans leurs provinces ces seigneurs qui l'était venu trouvé, et il les fit accompagner par des détachements de son armée.

11. Aux branches du palmier sont suspendu des trophées et des armes; au tronc sont attaché sa cuirasse et son armure.

12. Quand il vit l'urne où était renfermé les cendres si cher de son frère Hippias, il versa un torrent de larmes.

13. Il est loin de panser, hélas! que s'est moi-même
Qui trahit son secret et romp son stratagême.

14. Disposez de moi comme il vous plaira, monsieur. Prend courage, ma fille: quelques grands que soit nos malheurs, songes que l'honneur nous reste.

15. Tu dois être enchanté de mon plant, toi, ma

Cécile, qui déteste tant le ton du monde et le fracat de la ville! toi qui aime tant la campagné et la solitude!

16. Rien de si théâtrale que la situation de cette princesse au moment qu'elle embrasse l'urne où elle croit que sont déposé les dépouilles d'Oreste, son frère.

17. Avant que Rome fut gouverné par un seule, les richesses des principeaux Romains étaient immenses, quelques fusse les voies qu'ils employaient pour les acquérires.

18. Mer vaste, mer immense, qui doit peut-être m'engloutir dans ton sain, puissai-je retrouver sur tes flots le calme qui fui mon cœur agité!

19.   Toi qui d'Émile et de Sophie
Dessina les traits ingénus,
Qui de la nature avilie
Rétablit les droits méconnus,
Eclaires nos fils et nos filles,
Formes aux vertus leurs jeunes cœurs,
Et rend heureuse nos familles
Par l'amour des lois et des mœurs.

20. Venez, prince, venez; je veux bien que vous-même,
Pour la dernière fois vous voyez si je l'aime.

21. A-t'on consulté tout les modèles qui ont existés, qui existes, et qui existeronts un jour?

22. Hier, a quatre heures un quart, il a été tenu au bureau des affaires étrangères un conseille du cabinet secret qui a duré jusqu'a quatre heures et demi. Tout les ministres y ont assistés.

23. Il sait qu'on le trompe, il le soufre pendant quelques temps, reconnait ensuite son erreur, et fini par punire ceux qui ont abusés de sa bonté.

24. Aux murs sont suspendus des chaînes que, dans une de leurs anciennes expéditions, les Lacédémoniens avaient destinés aux Tégéates, et dont ils furent chargées eux-mêmes.

25. Doux espoir qui nourrissait mon ame et m'abusa si long-temps, te voilà donc éteind pour toujours! Providence éternel, qui fait ramper l'insecte et rouler les cieux, tu veille sur la moindre de tes œuvres! tu me rappelle au bien que tu ma fait aimé! Daignes accepter d'un cœur épuré par tes soins l'hommage que toi seul rend digne de t'être offert!

26. Il faut, pour s'éclairé sur ces questions importantes, jetter un coup-d'œil rapide sur l'état ou était l'Europe avant les découvertes dont nous avons parlés.

27. Sérieusement, Madame, mandez-moi se qui vous à empêché de m'écrire.

28. Oh toi qui voit la honte ou je suis descendue !
Implacable Vénus, suis-je assez confondue ?

29. J'admirais les coups de la fortune, qui relève tout-à-coup ceux qu'elle a le plus abaissée.

30. Elle fût prise, et on eût bien de la peine à empêcher qu'elle ne fut déchiré par le peuple.

31. Ce n'est plus Idoménée, s'est le fils d'Ulysse, s'est moi qui vous répond de toute les choses qui vous serons promises.

32. Idoménée, avec Mentor, conduisaient dans la campagne les rois alliés, et s'éloignaient des murs de la ville.

33. Je n'ai guerre vu d'homme qui rentra plus subitement en lui-même, lorsqu'il était frappé de

quellequ'idée nouvelle, soit qu'elle lui vint, où qu'un autre la lui offrit.

34. Mon père c'est rendu fameux entre tout les rois qui ont assiégés la ville de Troie ; mais les dieux ne lui ont pas accordés de revoir sa patrie.

35. Toute éclairé qu'elle était, elle n'a point présumée de ses connoissances, et jamais ses lumières ne l'ont éblouies.

36. Quelques petits que fusse ces objets, ils étaient dignes de mon attention, puisqu'ils avaient mérités celle de la nature.

37. Christine, reine de Suède, se rendit aussi illustre en quittant le trône, que ces ancêtres l'était pour l'avoir conquis et affermis. Les protestants l'on déchirés, comme si on ne pouvait pas avoir de grandes vertus sans croire a Luther.

38. Jacques Sobieski était alors à Breslau en Silésie, attendant avec inpatience la couronne qu'avait porté son père.

39. Annibal triomphant, s'arrêtat dans Capoue.
On la souvent blâmé ; quand a moi je le loue.

40. On r'envoit souvent les auteurs comiques de nos jours a Molière, a Regnard, et on leurs reproche de s'éloigner de cette ancien genre de comédie ou dominait le ridicule et la gaietée.

41. Toi qui connaît Pyrrhus, que panse-tu qu'il fasse ?

42. Ses paupières, tant les supérieurs que les inférieurs, sont garnis de cils formés par une rengé de poils forts raides ; on en voit de semblables, mais clairs semés et plus long, au tour de la bouche.

43. Mais que vos yeux sur moi ce sont bien exercés !
     Qu'ils m'ont rendus bien chers les pleurs qu'ils ont versées !
     De combien de remords m'ont-ils rendus la proie .
     Je souffre tout les meaux que j'ai fait devant Troie.

44. Il ne faut pas jugé des hommes parcequ'ils ignorent, mais parcequ'ils savent, et par la manière dont ils le savent.

45. On peut dire : Peuple armé ou non armé, magistrats ou autorités, tous à l'envie ont remplis leur tache.

46. La bonté de ces divers institutions est attesté par leur duré : la plus parts, malgré les divers gouvernements qui se sont succédés, subsiste encore.

47. La politesse, l'affabilité, l'esprit de communication, remplacèrent cet humeur farouche et cette rudesse de caractère qu'avaient laissé la continuité des guerres.

48. Occupes tes derniers jours du bonheur de tes peuples. Prépares la félicité des générations futurs par la félicité de la génération actuel. La puissance de la Prusse appartient a ton géni. C'est toi qui l'a créé, c'est toi qui la soutient : il faut la rendre propre a l'état qui te dois sa gloire.

49. J'ai remplis des fonctions importantes que je n'ai ni desiré, ni demandé, ni regretté ; j'en suis sortit aussi pauvre que j'y étais entré, n'ayant pas crut qu'il me fut permi d'en faire des moyens de fortune et d'avancement.

50. Elles ni sont plus.... On ne sait ce qu'elles sont devenues.... Elles on disparues.

51. Des vapeurs mortels s'élèves continuellement des entrailles de la terre. Les campagnes sont noirs et arides, comme si le feux les avaient brulé.

52. Outre les décrèts porté contre ceux qui ont perdus Olynthe , nous avons publiquement acceuillis ceux de ses habitants qui avait échappés aux flammes et a l'esclavage.

53. La volonté où le caprice d'un géographe qui tire une ligne du nort au sud ou de l'este a l'oueste , peu donner des possessions idéales au souverain qui lui paira un peu plus chère la carte qu'il à tracé.

54. Il faut que je parcours une partie des ouvrage qu'on a composé sur ce sujet, et que j'acquiérs encore beaucoup de connaissances qui me manque , avant d'entreprendre ce que vous me demandé.

55. Un lion décrépi, goutteux, n'en pouvant plus,
Voulait que l'on trouva remede a la viellesse.

56. Quelques tremblements de terre qui on renversés les fortifications que les Anglais avaient commencés a élever , paraissent les avoir dégoûté d'un lieu pour lequel ils avaient montrés de la prédilection.

57. Non, non, tout tes discours montrent une belle ame :
Vas, vas-t-en retrouvé tes enfants et ta femme ;
Consoles-les ; dis-leurs qu'a partir d'aujourdui
Je prétent devenir leur père et leur appuie.

58. Je ne comprenais pas comment il ce pouvait qu'une même enceinte renferma des objets si différants.

59. J'en ai vus de ses petits messieurs qu'on me ventait comme des prodiges. Ils avaient remportés tout les pris de l'Université, et ne savait pas seulement trouvé le mot d'une énigme. Jugé donc se que s'eut été si on les avaient prié d'en faire une !

60. Non, cruel, n'attend pas que ma main meutrière,
Fasse coulé le sang de ton malheureux frère.
Assouvit, si tu veut ta fureur sur le mien :
Mais, dussai-je en périr, je défendrai le sien.

61. A peine furent-ils entré dans le vaisseau, que ne pouvant plus respirés, ils demeurèrent immobile ; car ils avaient nagés long-temps et avec effort pour résister aux vagues. Peu-à-peu ils reprirent leurs forces ; on leurs donnat d'autres habits, parceque les leurs étaient appesantis par l'eau qui les avaient pénétré, et qui coulait de toute parts.

62. Elle n'oublia pas se qui lui était arrivée dans l'île de Circé, fille du Soleil, n'y les dangés qu'il avait couru entre Scylla et Charybde.

Elle représenta la dernière tempête que Neptune avait excité contre lui quant il parti d'auprès d'elle. Elle voulue faire entendre qu'il était périt dans ce naufrage, et elle supprimat son arrivé dans l'île des Phéaciens.

63. Pendant qu'Annibal resta avec son armée ensemble, il battit les Romains ; mais lorsqu'il fallu qu'il mit des garnisons dans les villes, qu'il dé-fendit ses alliés, qu'il assiéga les places où qu'il les empêcha d'être assiégé, ses forces se trouvèrent trop petites, et il perdît en détaille une grande partie de son armée.

64. On doit mettre au nombre des services que M. de Buffon a rendu aux sciences les progrêts que toutes les parties du Jardin-du-Roi on fait sous son administration.

65. Tu juge mal des dieux : leur courroux équitable
S'apaisera bientôt par la mort du coupable.

Je vais enfin, pour prix de ce qu'ils ont sauvés,
Rendre a ses mêmes dieux ce qu'ils ont conservés.

66. Les plus puissants ont assez de pudeur pour dérober aux yeux la licence de leur conduite : se sont des transfuges qui craignent les lois qu'ils ont violés, et regrette les vertus qu'ils ont perdus.

67. Les Romains, institués pour conquérir, n'ont pas avancés, comme les Grecs, la raison et l'industrie. Ils ont donnés au monde un grand spectacle; mais ils n'ont rien ajoutés aux connaissances et aux arts des Grecs.

68. Assez d'autres fautes me seront reproché sans doute ; j'en demeurerai d'accort, et ne prétend pas que mon ouvrage soit accomplit. J'ai taché seulement de faire en sorte qu'il plu, et que même on y trouva du solide aussi bien que de l'agréable.

69. La Compagnie a partagée aux habitans d'Amboine quatre milles terrains, sur chaqun des quelles elle a dabort permi et s'est vu forcée vers l'an mille sept cents vingt, d'ordonner qu'on planta cent vingt-cinq arbres ; ce qui forme un nombre de cinq cents milles girofliers.

70. Toi qui te moque de moi, il est sure que tu a joliment dansé.

71. Il était impossible que le commerce prospéra sous les chaînes de l'esclavage, et au milieu des troubles continuelles qu'enfantaient la plus cruelle des anarchies.

72. Il faut permettre aux hommes d'être un peu inconséquent, afin qu'ils puissent retourner a la raison quant ils l'ont quittés, et à la vertu quant ils l'ont trahis.

73. Une jeune abesse, que les incursions des Es-

pagnols avaient forcées de se retirer à Château-Thierry, allat logé chez La Fontaine.

74. Quelque soit le monarque et quelque soit l'époux
   Que la reine est choisit pour l'élever sur nous,
   S'est a nous d'obéir...

75. J'ai changé l'ordre des maximes que j'ai conservé ; j'en ai expliqué quelques unes ; et j'en ai ajoutées quelques autres, que j'ai répandu indifférament parmis les anciennes.

76. La diète c'est déclaré en permanence ; et elle c'est attribuée par une loi, voté à l'unanimité, le pouvoir de s'assembler dans des cas extraordinaires, même en pays étrangé.

77. Quoiqu'il puisse arriver, quoique le ciel décide,
   Que le bien de l'état a ce grand jour préside.

78. Tout les arts sont enfants de la nécessité. Quelques grossiés que fussent d'abord les hommes, un souffle divin les animaient.

79. Les Thébains nous ont enlevés Orope, ils serons forcé de nous la rendre ; ils ont rasés Thespies et Platée, on les rétabliras ; ils ont construits Mégalopolis en Arcadie, pour arrêter les incursions des Lacédémoniens, elle sera démolie.

80. Elle a voulue se perdre, et je n'ai fait enfin
   Que lui lancer les traits qu'a préparé sa main.

81. On m'a dit que mes ayeux, considérés dans leur province, y avait toujours jouis d'une fortune honnête et d'un rang distingué.

82. Nous sommes resté plus d'un mois dans cette affreux pays, sans pouvoir nous procurer la millième partie des objets que nous avions contés y receuillir.

83. La mollesse avait énervée dans le cour d'une

5

longue paix le courage de la nation , les plaisirs l'avait corrompus, la gloire l'avait ennivré , et l'adversité pouvait seul réveiller l'ancienne vertu.

84. Ni la prospérité ni la misère qu'il a éprouvé tour-à-tour n'ont put lui enseigner l'humanité.

85. *A l'Esprit.*

> Source intarissable d'erreurs ,
> Poison qui corromp la droiture
> Des sentiments de la nature
> Et la vérité de nos cœurs ;
> Feu follet qui brille pour nuire ,
> Charme des mortels insensés ,
> Esprit, je viens ici détruire ,
> Les autels que l'on t'as dressé.

86. Toutes les troupes, immobiles, avaient les yeux attaché sur lui. On n'osait parlé , de peur qu'il n'eut encore quelque chose a dire , et qu'on ne l'empêcha d'être entendu. Quoi qu'on ne trouva rien a ajouter aux choses qu'il avait dit , on aurait souhaité qu'il eu parlé plus long-temps.

87. C'est ainsi que les peintres et les sculpteurs, prenants leurs maîtresses pour modèles, les ont exposés à la vénération public sous les noms de différentes divinités ; s'est ainsi qu'ils ont représentés la tête de Mercure d'après celle d'Alcibiade.

88. Voici enfin la satire qu'on me demande depuis si long-temps. Si j'ai tant tardé a la mettre au jour, s'est que j'ai été bien aise quelle ne parue qu'avec la nouvelle édition qu'on faisait de mon livre , ou je voulais qu'elle fut inséré. Plusieurs de mes amis, a qui je l'ai lu, en on parlés dans le monde avec de grands éloges, et ont publiés que s'était la meilleur de mes satires. Ils ne m'ont pas en cela faits plaisir.

Je connais le publique : je sçai que naturellement il se révolte contre les louanges outrés qu'on donne aux ouvrages avant qu'ils ayent parus, et que la plus part des lecteurs ne lisent ce qu'on leur à élevé si haut qu'avec un dessin formé de le rabaissé.

89. Nous vendons chers les biens qui nous ont peut coûtés.

90. Des historiens ont flétris la mémoire d'Alcibiade ; d'autres l'on relevés par des éloges, sans qu'on puisse les accusés d'injustice ou de partialité. Il semble que la nature avait essayée de réunire en lui tous ce qu'elle peu produir de plus fort en vices et en vertus.

91. Les effets de la nature étant infiniment variés, et leurs causes infiniment obscur, la physique n'a jusqu'à présent hasardée que des opinions : point de vérité peut-être qu'elle n'est entrevu, point d'absurdité qu'elle n'est avancé.

92. Dieux cruels ! fallait-il qu'une juste vengance
Pour me punir d'un crime opprima l'innocence ?

93. Que manquait-il à mon bonheur sinon d'en savoir jouir avec modération ? Mais mon orgeuille, et la flatterie que j'ai écouté, ont renversés mon trône.

94. Pendant le jour je tâchais de montrer un visage gaie et plain d'espérance, pour soutenir le courage de ceux qui m'avait suivis. Faisons, leurs disais-je, une nouvelle ville, qui nous consolent de tous ce que nous avons perdus. Nous sommes environnés de peuples qui nous ont donnés un belle exemple pour cet entreprise.

95. Depuis cette guerre renouvellé, vous auriez

du encore les apaisés, en leurs représentants qu'on les avaient attaqué faute de savoir l'alliance qui venait d'être juré. Il fallait leur offrir toutes les sûretés qu'ils auraient demandés et établir des peines rigoureuses contre ceux de vos sujets qui auraient manqués à l'alliance.

96. D'un songe si cruel quelque soit l'horreur ,
Ce fantôme peut-il troublé votre grand cœur?

97. Les anciens ne nous ont laissés sur ce sujet que de faibles lumières ; et les critiques modernes ce sont partagé quant ils ont entreprit de l'éclaircir. On a prétendu que les cènes étaient chanté ; on a dit qu'elles n'étaient que déclamé ; quelques un ont ajoutés qu'on notait la déclamation.

98. Parmi une foule de princes que l'abu du pouvoir à précipité du trône , plusieurs on péris pour expié des injures personnels dont ils s'étaient rendu coupables , ou qu'ils avaient autorisés.

99. Quelque soit vos dessins, vous pouvez sans effroi,
Sûr d'un appui sacré, vous confier à moi.

100. Cette heureuse innovation , joint à d'autres libertés qu'il s'était donné , alarma le législateur d'Athènes , plus capable que personne d'en sentir le prix et le dangé.

101. Le soir, de retour à l'auberge , nos jeunes élèves ouvrir leurs portes feuilles ; et nous montrèrent dans des esquisses qu'ils s'étaient procurés , les premières pensées de quelques artistes célèbres.

102. Le roi n'appris qu'avec un violent chagrin qu'on n'avait put faire périr quelques seigneurs qu'il avait proscrit lui-même, et qu'on croyait qui s'étaient caché dans la ville.

103. Nous nous sommes partagés , ma femme et moi , les soins de l'administration.

104. Dans le même temps , les Grecs avaient imités les manufactures de l'Asie ; et ils s'étaient appropriés les richesses de l'Inde par différentes voix.

105. O toi qui voit la peine ou ce feu me réduis ,
    Vénus , suije d'un sang que ta haine poursuis ?

106. Quelques voyageurs avaient déjà soupçonnés qu'il y avait deux espèces de civettes ; mais personne ne les avaient reconnu assez clairement. Nous les avons vu toute deux ; et après les avoir soigneusement comparé , nous les avons jugé d'espèce et peut-être de climat différent.

107. Les oncles du défun ont originairement réclamés la délivrance ; mais avant qu'ils l'eussent obtenus, des individus se disants frères de Jean Thierry ont à leur tour réclamés. Pendant que ses prétentions diverses s'agitaient , deux ou trois générations ce sont succédées ; et les descendants des oncles et des frères plaident encore en ce moment devant la troisième chambre.

108. Dussai-je contre moi voir s'armer ma princesse ,
    J'attendrai qu'Artaban me tienne sa promesse.

109. Quelle que honte que nous ayions mérités , il est presque toujours en notre pouvoir de rétablir notre réputation.

110. Il ni en a point qui presse tant les autres que les paresseux : lorsqu'ils ont satisfaits à leur paresse , ils veulent paraîtres diligent.

111. Il est de notoriété public que la cour de Berlin c'est attirée les reproches des principales cours de l'Allemagne.

112. Notre voyage , madame , a été fort heureux ,

quoi que nous eussions dus versés vingt fois pour une, tant la tristesse qui s'était emparé de nos gens, ainsi que de nous, rendait tous le monde innatentifs.

113. On se persuade mieux, pour l'ordinaire, par les raisons qu'on a trouvé soi-même que par celle qui sont venu dans l'esprit des autres.

114. Le travail de Geoffroy, comme celui de La Harpe, n'avaient besoin que d'être débarrassés de toutes les discussions étrangères à Racine.

115. Daraxa rougit à ce discour : elle avait été jusqu'alors tellement occupé de son malheur qu'elle ne s'était point encore attaché à Alonse; ou, si elle y avait fait quelle que attention, elle s'était imaginée que la pitié, qui n'est jamais sans tendresse, la faisait agire toute seule.

116. A ces mots, poursuit le prophète, les gens de bien, étonné, se sont parlés secrettement les uns aux autres.

117. On ne voudra jamais croire à la rapidité avec laqu'elle les événements se sont succédés.

118. Ces dames se sont mises dans la tête d'aller à la campagne, quel que temps qu'il fasse.

119. Sabins, Rhéates, se n'est plus qu'une même famille. Tous aime et respecte Numa : ce senti-ment les as rendu frère.

120. Il racontait si bien les choses passées, qu'on croyait les voir; mais il les racontaient courtement, et jamais ses histoires ne m'ont lassées.

121. Je considère les périls extrêmes et continuelles qu'a couru cette princesse sur la mer et sur la terre pendant l'espace de dix ans.

122. Le long des côtes la nature a creusée des baies

autour des quels se sont élevé des villes que l'art a
fortifié, et que le commerce a rendu florissante.

123.   (*C'est Phèdre qui parle.*)

> Qu'entend-je! quels conseils ose-t'on me donner!
> Ainsi donc jusqu'au bout tu veut m'empoisonner!
> Malheureuse! voilà comme tu m'a perdu.
> Au jour que je fuiais s'est toi qui m'a rendu.

124. Tel furent les motifs qui m'engagèrent à
partir : motifs bien différents de ceux que m'ont prêté
des censeurs injustes.

125. Dans un clin-d'œil l'élite de nos guerriers fût
égorgé, et la Messénie asservit. Non, elle ne le fût
pas : la liberté s'était réservée un asile sur le mont
Ira.

126. Voilà ce que j'ai taché de faire par l'avis de
quelques gens éclairées qui j'ai choisi pour guide
parmi les connaissances que m'a donné mylord
Édouard.

127. Tégée n'est qu'à cents stades environ de Man-
tinée : Ses deux villes, rivales et ennemis par leur
voisinage même, se sont plus d'une foi livrées des
combats sanglants, et dans les guerres qui ont divisées
les nations, elles ont presque toujours suivies des
parties différents.

128. Malheureux! tes serments, qu'à suivi le parjure,
> Ont soulevés les dieux et toute la nature.

129. Est-il à présumé que les prêtres égyptiens
se soient réservés la connaissance exclusif du cour
des comètes?

130. Il est incroyable que tant d'événements se
soyent passés dans un même lieu, qu'ils n'ayent
occupés qu'un interval de vingt-quatre heures, et

qu'ils se soyent succédés dans votre histoire comme ils sont enchaînés dans votre ouvrage.

131. Tout ses créanciés, touchés de son infortune, et convaincu de sa probité, lui ont accordés toutes les facilités qu'il a demandé.

132. Je m'égard, et mon faible esprit sort des bornes qu'il s'était prescrit.

133.   *A Julie.*

Que vous êtes changé depuis deux mois, sans que rien est changé que vous! vos langeurs ont disparues; il n'est plus question de dégoût n'y d'abattement; toutes les graces sont vénu reprendre leurs postes; tous vos charmes se sont ranimés; la rose qui vient d'éclore n'est pas plus fraîche que vous; les saillies ont recommencées; veus avez de l'esprit avec tout le monde, etc.

134. Il n'en est pas de même des ouvrages de théâtre : quelques mauvais qu'ils puissent être; quelle qu'éphémère que soye leur durée, ils ont toujours, ne fusse qu'à une seul représentation, l'inconvénient de s'adresser à un publique nombreux qui les entends et qui les jugent. Deux milles personnes réunis dans la même enceinte ont, quoiqu'elles fassent, les yeux et les oreilles frappé des objets qu'on leurs présentent; et il ne dépend pas d'elles, malheureusement, d'être sourde et aveugle pendant une heure.

135. L'Amour le mieux vengé, quelque soit l'offense,
     Est souvent le premier à pleuré sa vengance.

136. Cassius ajouta qu'il était d'avis, pour rapproché de pauvres citoyens de la condition des riches, et pour leurs donner le moyen de subsister, de faire faire un dénombrement exacte de toute les terres qu'on

avait enlevé aux ennemis, et dont les patriciens s'étaient emparées; qu'il fallait en faire un nouveau partage, sans aucun égard pour ceux qui, sous différénts prétextes, se les était appropriés; que ce partage mettrait les pauvres plébéiens en état de pouvoir nourrir des enfants utils à l'état.

137. Quelques malheureux que nous soyons dans ce monde, nous parraissons néanmoins tenir à la vie, que la nature ne nous a donné que pour un temps.

138. Sanctuaire des arts, utile imprimerie,
    Qui chasse devant toi l'erreur, la barbarie,
    Et transmet au papier par des traits subsistants
    Les progrets de l'esprit et la marche du temps,
    Ton art industrieux enchaîne à la parole
    Le son, le faible son qui dans les airs s'envole;
    Il forme nos accents, il les peints sous nos yeux,
    Il colore l'espace et rapproche les lieux.
    Art divin qui des ans répare la furie,
    Art qui trompe la mort et redonne la vie,
    Qui fixant sur l'airain tous les talents divers,
    Rassemble des trésorts éparts dans l'univers,
    Pourquoi les passions, les erreurs, les mensonges,
    Gravent-ils sous ta main leurs fraudes et leurs songes?
    Pourquoi, toujours soumis à la cupidité,
    Prête-tu ton burin à la perversité?

139. Après la mort de Sardanapale, on lui ériga une statut ou il était représenté dans l'attitude d'un homme qui danse; et on y mit une inscription dans laqu'elle il apostrophe ainsi les passant : Manges, bois, divertis-toi bien; tous le reste n'est rien : inscription bien conforme a celle que nous avons vus qu'il avait ordonnée lui-même que l'on mit sur son tombeau.

140. Les trois premières éditions de cette ouvrage se sont succédées bien rapidements.

5.

141. Comme nous nous sommes faits un devoir de suivre exactement Lebeau, on nous pardonneras d'être demeuré dans les bornes de la simple analyse. Il nous reste à réclamer l'indulgence de nos lecteurs. Si le résulta de notre travail atteind le but que nous nous sommes proposés pour l'utilité de la jeunesse et l'agrément du publique, nous nous trouverons suffisament récompensé.

142. En mille sept cents soixante-quatre, le gouvernement pris la colonie sous sa protection immédiat. Depuis cet époque jusqu'en mille sept cents soixante-seize, il s'y est successivement formée une population de six milles trois cents quatre-vingts-six blancs, en y comprenant deux milles neuf cents cinquante-cinq soldats; de onze cents quatre-vingts-dix-neuf noirs libres; de vingt-cinq milles cents cinquante-quatres esclaves, et vingt-cinq milles trois cents soixante-sept têtes de bétails.

143. La paix de Rysvick, commencé sous les hospices du père, fût conclut sous ceux du fils : il fût le médiateur de l'Europe des qu'il commença a régner.

144. Je n'ai jamais voulus souffrir qu'un homme d'esprit s'avisa de me raillier deux fois de suitte.

145. J'ai entendu la première représentation d'*Inès de Castro* de M. De La Motte : j'ai bien vué qu'elle n'a réussit qu'a force d'être belle, et qu'elle a pluc aux spectateurs mal gré eux.

146. La nature a ébauchée beaucoup de talents qu'elle n'a pas daignée finir.

147. Je vis entrer un petit monsieur sec et blême, dont la mine justifiait pleinement la mauvaise humeure que m'avait inspiré son titre.

148. Ils nous ont ravis nos biens , ils ont assasínés ta femme , ils t'ont arrachés ta fille , ils ont flétrit mon nom !... Les barbares! ils se sont partagés nos provinces.

149. La ville est parfaitement calme ; et les troubles que nous avons crains un instant de voir se renouveller n'ont pas eut de suite.

150. Je remarque avec étonnement que vous n'êtes presque point changé depuis tant d'années ; s'est la même fraîcheure de visage , la même taille droite , la même vigeur : vos cheveux seulement ont un peu blanchis.

151. Lorsque Télémaque achevat ce discour , il sentit que la douce persuasion avait coulée de ses lèvres et avait passée jusqu'au font des cœurs.

152.   Quoique son insolence est osée publier ,
Le ciel même a prit soin de me justifier.

153. Quelques limités que soit nos lumières sur les sciences , je crois qu'on ne saurait nous disputer de les avoir poussé audelà des bornes anciennes.

154. Le sang a coulé : voilà le souvenir qui pèse à mon cœur. Paix à ceux qui ont succombés ; paix et consolation à ceux qui ont survécus. Quel que dure qu'ait été mon sort , quelles que grandes qu'ait été les injustices qui m'ont été faites , aucuns sentiment ne peut surmonter en moi celui de la sympathie et de la pitié.

155. L'examen de la question que je me suis proposé exige une discution fine et approfondie.

156. Je l'ai vu , nous l'avons tous vus , nos mains ont touchées ses mains victorieuses ; nous avons entendus sa voix. N'en croyiez point de veines rumeurs ;

ce héro vit encore : il n'y a que trois jours qu'il a quitté son armure sanglante et brisée, et qu'en habit de pélerin, il est partit pour Antioche.

157. Un feu soudain c'est allumé a mes yeux, et les flâmes ont formé un rempar autour de la forêt : des monstres armés m'en ont défendus les aborts. J'ai franchit les obstacles : le fer, l'incendi, et les monstres, ont disparus. J'ai vu les ténèbres et les frimas de l'hiver, que bientôt la clarté la plus pur a faits disparaîtres.

158. Quand nous avons commencés a faire notre commerce chez ces peuples, nous avons trouvés l'or et l'argeut employé parmi eux aux mêmes usages que le fer.

159. Vous savez, chers amis, les malheurs qui m'ont privés de régner dans cette grande île, puisque vous m'assurés que vous y avez étés depuis que j'en suis partit. Encore trop heureux si les coups les plus cruelles de la fortune ont servis à m'instruire et à me rendre plus modéré !

160. L'un est le fils du trompeur Ulysse ; l'autre est un homme caché et d'un esprit profont : ils sont accoutumé a erré de royaume en royaume. Qui sait s'ils n'ont pas formés quelque dessin sur celui-ci ? Ces avanturiés racontent eux-mêmes qu'ils ont causés de grands troubles dans tout les pays ou ils ont passés.

161. Pour ceux-ci, ils ont régnés avec justice et ont aimés leurs peuples.

162. Quelque démarches que nous ayions fait, il ne nous a pas été possible d'obtenir un bilan postérieure a celui dont nous venons de nous occuper.

163. Pourrais-je oublier jamais la confiance et l'amitié que vous m'avés témoigné?

164. Les Sybarites ce plaignent de se que nous avons usurpés des terres qui leurs appartenait, et de ce que nous les avons donnés, comme des chants à défrichés, aux étrangés que nous avons depuis peu attirés ici.

165. Ce qui me cause le plus horrible désespoire, s'est qu'elle s'est donnée la mort en me haissant comme la cause de son malheur.

166. Frédéric, jusqu'à ce moment, c'était montré fort. L'occasion de ce montrer juste c'est présenté, et il l'a saisit.

167. Un ordre de cette nature me surpris beaucoup, moi qui ne me croyait connu que de très peu de personnes, et qui prenait si peu de part aux affaires de l'état, qu'apeine lisais-je la gazette.

168. Ces animaux ont donc dégénérés, si leur nature était la férocité jointe à la cruauté, ou plutôt ils n'ont qu'éprouvés l'influence du clima : sous un ciel plus doux, leur naturelle s'est adoucit ; ce qu'ils avaient d'excessif c'est tempéré ; et par les changements qu'ils ont subis, ils sont seulement devenus plus conforme à la terre qu'ils ont habités.

169. Quelqu'est été mon opinion sur l'ordre de choses qui n'est plus, quelques soit mes regrets, se n'est pas moi qui sacrifirai jamais à cet opinion, à ses regrets, le bonheur, le repos du pays.

170.   (*C'est Télémaque qui parle.*)

Cette vie, toute affreuse qu'elle est, m'eut paruc douce loin des hommes ingrats et trompeurs, si la douleur ne m'eut accablée.

171. Tyrans que j'ai vaincu, je pourrais vous servir !
Peuples que j'ai sauvé, je pourrais vous trahir !

172. Je ne voudrais pas qu'on présenta ma pièce aux comédiens. — Pourquoi ? — Il est incertain qu'elle fut accepté. Il l'est beaucoup plus encore qu'elle réussit.

173. Les habitants épouvantés se jettèrent à genoux dans les rues, et lui demandèrent miséricorde. Il les fit tous désarmer, loga ses soldats chez les bourgois ; en suite ayant mandé le magistrat, il exiga le jour même une contribution de deux cents soixante milles écus. Il y avait dans la ville deux cent pièces de canon et quatre cent milliés de poudre qu'il saisi.

174. Sort qui nous a rejoint et qui nous désunit !
Sort, ne nous a tu fait que pour être ennemi ?

175. La coure de Madrid était mécontente qu'une région dont on lui exhaltait sans cesse les avantages naturelles lui envoya si peu d'objets, et lui envoya si peu de chacun.

176. Nous avons portés nous même le châtiment des vices que nous avons semés dans l'autre émisfère. Nous l'avons portés chez nous et chez les peuples du Nouveau-Monde que nous avons subjugué : chez nous, par la multitude de besoins factices que nous nous sommes fait ; chez eux, en cents manières divers, entre lesquels on peut conter l'usage des liqueurs fortes que nous leurs avons apprises à connaître et qui souvent leurs a inspiré une fureur artificiel qu'ils ont tournés contre nous.

177. Ces outrages multipliés réunirent les esprits que l'Espagne avait travaillée à diviser.

178. Qu'elle différence entre l'homme de la nature et l'homme corrompu dans nos malheureuses sociétés! ce dernier paraît digne de tout les meaux qu'il c'est forgé.

179. J'ai dis que les lois d'Athènes sont nombreuses. Outre celles de Dracon, qui subsistent en partie; outre celles de Solon, qui servent de base au droit civile, il s'en est glissées plusieures que les circonstances ont faits naître, ou que le crédi des orateurs a fait adopter.

180. Leur admiration s'accroît insensiblement lorsqu'ils examinent à l'oisir ces temples, ces portiques, ces édifices publiques, que tout les arts se sont disputés la gloire d'embellire.

181. On s'accoutuma donc à voir la vangence des dieux poursuivant le coupable jusqu'à sa dernière génération : vengance regardé comme justice à l'égard de celui qui l'a mérité, comme fatalité par rapport à ceux qui ont receuillis ce funeste éritage.

182. Outre cette source, dans la qu'elle Sophocle a puisé tous ses sujets, on en a quelquefois tirés de l'histoire moderne; d'autrefois on a prit la liberté d'en inventer.

183. Si l'amour s'annonce quelquefois par des traits de noblesse et de grandeur, il les doit à la vangence, à l'ambition, à la jalousie, trois puissants ressorts que nous n'avons jamais négligés d'employés.

184. Quelques soit les faits antérieures, le blâme, s'il y en a, ne peut-être jetté sur moi sans injustice et sans calomnie.

185. Les talents de La Harpe ne seront plus enfin

contesté ; tout les amis des lettres, quelques soyent leurs opinions, partagent maintenant notre deuille et nos regrès.

186. Depuis la trève , les Hollandais s'étaient emparé, en Afrique et en Asie, de quelque places qu'ils avaient opiniâtrement refusés de restituer.

187. Ces avanturiers avaient quittés jusqu'à leur nom de famille pour prendre des noms de guerre, dont la plus parts ont passés à leurs dessendants.

188. Le peu d'utilité que les flibustiers anglais et français avaient retirés de leurs dernières expéditions dans le continent, les avaient ramené insensiblement à leurs brigandages ordinaires.

189. Cette association devait continuer quarante ans ; mais, quelqu'en soit la raison, elle n'a pas remplie la moitié de sa carrière.

190. Le souvenir des meaux qu'on avait souffert et de ceux qu'on avait craint détermina les peuples à demander des productions à un sole qui n'avait été fécont qu'en méteaux.

191. Depuis cet époque jusqu'en mille sept cents soixante-dix-huit, les dépenses civils et **militaires** de cet établissement ont montés à quatres millions cinquante milles livres : somme que la nation a jugé trop forte pour les avantages qu'elle a retirée.

192. Les Germains et les autres conquérants s'étaient appropriés d'immenses domaines à l'époque de leur invasion.

193. Aucun citoyen de Porto-Rico n'était véritablement le maître du sole qu'il occupait : les commandants qui s'étaient succédés n'en n'avaient jamais accordés que l'usufruit.

194.   Dans la route que je me trace,
         La Fare, daignes m'éclairer,
         Toi qui dans les sentiers d'Horace
         Marche sans jamais t'égarer ;
         Qui, par les leçons d'Aristippe,
         De la sagesse de Chrysippe
         A sut corriger l'âpreté,
         Et tel qu'aux beaux jours d'Astrée
         Nous montrer la vertu parée
         Des attraits de la volupté.

195. En parlant ainsi le Babylonien pleurait comme un homme lâche qui a été amollit par les prospérités, et qui n'est point accoutumé à supporter constament un malheur. Il avait auprès de lui quelques esclaves qu'on avaient fait mourir pour honorer ses funérailles : Mercure les avaient livré à Caron avec leur roi, et leurs avaient donnés une puissance absolue sur ce roi qu'ils avaient servis sur la terre.

196. Elle trouvait en lui les mêmes choses qui lui avaient plues en moi.

197. Par ou vous a-t'on donc fait voir qu'on vous aimait ? repris M. de Clèves, et qu'elles marques de passion vous a-t'on donné ?

198. Ils s'étaient fait mahométans ; et le zèle pour leur religion les engagoient merveilleusement à ravager les terres des chrétiens.

199. Il n'est que trop véritable que vous êtes cause de la mort de M. de Clèves : les soupçons que lui a donné votre conduite inconsidérée lui ont coûtés la vie, comme si vous la lui aviez ôté de vos propres mains.

200.   Plus on a de tourments souffert,
         Plus douce est la fin du martyr ;
         Plus Borée a troublé les airs,

Et plus le retour de Zéphir
Cause de joie à l'univers.

201. Les animeaux que l'homme a le plus admiré sont ceux qui lui ont parus participer à sa nature : il s'est émerveillé toute les fois qu'il en a vus quelques un faire ou contrefaire des actions humaines.

202. Elle trouva qu'elle s'était ôtée elle-même le cœur et l'estime de son mari, et qu'elle s'était creusée un abîme dont elle ne sortirait jamais. Elle se demandait pour quoi elle avait fait une chose si hasardeuse, et elle trouvait qu'elle s'était engagée sans en avoir presque eue le dessin.

203. Oui, mes frères, ce n'est pas le hazard qui vous a faits naître grands et puissants : Dieu, des-le commencement des siècles, vous avait destiné cette gloire temporel, marqué du seau de sa grandeur, et séparé de la foule par l'écla des titres et des distinctions humaines.

204. Votre sœur et la mienne se sont rencontrées à deux pas d'ici ; elles se sont parlées assez long-temps ; elles ne se sont pas imaginées que je les voyaient.

205. Quelque soit l'évidance des preuves que j'ai fourni pour arriver à ce résultat nouveau, je prévois une objection, et je vais y répondre.

206. Je ne balance point, je vole à son secours ;
Je défendrai sa vie aux dépends de mes jours.

207. Cet enfant est tombé en courant ; il a la figure toute écorché.

208. Divers accidents peuvent ruiner les espérances des entrepreneurs, et j'en ai vus plusieurs qui s'étaient ruinés faute de moyens et d'intelligence.

209. Je ne sais pas d'ou peuvent venir toutes les erreurs qu'il y a eues dans nos contes cet année.

210. Elle ne se plaind que du peu d'amitié que vous lui avez marquée depuis que vous êtes avec elle.

211. On doit remarqué que ce qui a le plus contribué à rendre les Romains maîtres du monde, s'est qu'ayant combattus successivement contre tout les peuples, ils ont toujours renoncés à leurs usages sitôt qu'ils en ont trouvés de mélieure.

212. Non seulement il a servit de modèle à tout ceux qui ont écrits sur le même sujet, mais encor il est peu d'observations de détail qu'il n'est au moins indiqué.

213. Madame, mes refuts ont prévenus vos larmes.
Tous les Grecs m'ont déjà menacés de leurs armes.

214. Je croyais voir Ithaque, et son image toute entière se présentait à moi.

215. Quelsque grands avantages que la nature nous donne, se n'est pas elle seul, mais la fortune avec elle, qui fait les héros.

216. N'abandonnez pas l'héritier de tant de princes qui ont étés les premiers défenseurs de vôtre nom et de votre gloire. Les coups de votre fortune l'ont épargnés au milieu des débrits de son auguste famille ; laissez-nous, mon Dieu, jouir de votre bien fait, que nous avons achetés si chère : que ce reste heureux de tant de têtes augustes que nous avons vus tomber à-la-fois réparent nos pertes et essuient nos larmes.

217. La-dessus il le somme de répondre, article par article, aux différents chefs d'accusation qu'il avait encor moins préparé contre lui que contre les

sénateurs et les commissaires qui s'étaient laissés séduire par son argent.

218. Il y a tant de choses sur les qu'elles il est accoutumé à dire, Cela n'est pas de mon ressort, qu'une de plus ne l'embarrassera guère; et quant il commence a s'inquiéter de ces grandes questions, ce n'est pas pour les avoir entendues proposer; mais s'est quant le progret naturelle de ses lumières porte ses recherches de ce côté-là.

219. Les magistrats de cette ville avaient apprit la levé du siége de Stockholm; ils croyaient la défaite et la déroute générale, et la perte pour l'administrateur aussi considérable que les Danois l'avait publiés.

220. Une mère disait à son fils: Voilà, mon fils, le sujet de tant de démarches que j'ai fait, et de tant de larmes que tu m'a vu verser.

221. Les peines que nous avons vues cette femme se donner pour élever sa fille prouve combien elle tenait à la conservée.

222. Telle était l'état des Provinces-Unies, lorsque les Portugais, se relevants de la langeur et de l'inaction ou la tyrannie espagnol les avaient plongé, réussirent à leur arracher en seize cents soixante-un la partie du Brésil qu'elles avaient conquis sur eux.

223. Nous avons dits dans l'histoire du loup qu'il s'en trouve de tous blancs et de tous noires, dans le nord de l'Europe, et que ses loups noires sont plus grands que les autres.

224. Elle aimait mieux employer son crédi pour les intérêts des autres que de le ménager pour les siens propres. La crainte de faire des ingrats, ou le

déplaisir d'en avoir trouvés, ne l'on jamais empê-
chés de faire du bien.

225. J'attends ma fille, que j'ai envoyé à la pro-
menade. — J'attends ma fille, que j'ai envoyé chercher à sa pension. — J'attends ma fille, que j'ai
envoyé chercher quelque chose dont j'ai besoin.

226. Ainsi jugant des mœurs anciennes parceque
je vois des mœurs du peuple qui me représente les
premiers temps, je crois que je me serais fort ac-
commodé de vivre à Thèbes, à Memphis, à
Babylone.

227. Un si galant exploit réveilliant tous le monde,
    On a porté par tout des verts à la ronde
    Ou les doits des laquets, dans la crasse tracé,
    Témoignait par écrit qu'on les avaient rincé.

228. Je vous rapporte ces paroles par ce qu'on a
eut soin de me les répéter souvent, et qu'elles ont
penétrées jusqu'au fond de mon cœur.

229. Ces préventions funestes, abordés-les avec
moi, messieurs : s'est votre devoir comme s'est le
mien; car, pour bien juger l'accusation, il faut que
vous la voyez seul et dégagé.

230. La vertu d'un homme ne doit pas se mesurer
par ses efforts, mais parcequ'il fait d'ordinaire.

231. Oh heureux Idoménée! s'écriat-il encore,
que vois-je! qu'elles malheurs évités! qu'elle douce
paix audedans! Mais audehors qu'elles combats!
qu'elles victoires!

232. Il vous est utile qu'un homme sans intérêt et
sans conséquence vous parles en secret un langage
dure. Nulle autre n'osera jamais vous le parlé : vous

ne verrez la vérité qu'à demic, et sous de belles enveloppes.

233. La cour de Lisbonne ne dissimula pas les inquiétudes que lui causaient cette événement.

234. La Livonie, la plus belle et la plus fertille province du nord, avait apartenüe autrefois aux chevaliers de l'ordre Teutonique. Les Russes, les Polonais, et les Suédois, s'en étaient disputés la possession. La Suéde l'avait enlevé depuis près de cent années, et elle lui avait été enfin cédé solanellement par la paix d'Oliva.

235. Il sortait de Cracovie bien résolut de poursuivre le roi Auguste sans relâche. A quelques mille de la ville, son cheval s'abattît, et lui fracassat la cuisse.

236. On sai sous qu'elle dissipline sévère vivait les troüpes de Charles XII; qu'elles ne pilliaient pas les villes prises d'asseau avant d'en avoir reçût la permission; qu'elles allaient même au pilliage avec ordre, et le quittait au premier signale.

237. Jugez alors pour moi quels délices
De m'aquitter de vos rares services!

238. Les soldats que j'ai vu passer ce matin sur le boulevard sont les mêmes que nous avons vû conduire à l'exercice il y a quelque jour.

239. Appius dit qu'il n'ignorait pas tous les mouvements qu'Icilius s'était donné pour soulever le peuple; mais qu'il voulait bien qu'on sut qu'il ne manquerait ni de force ni de fermeté pour châtier ceux qui entreprendrait de troubler la tranquillité public.

240. La tristesse acheva d'ôter à ma mère le peu de forces que son mal lui avaient laissé.

241. On les croyaient sans ressource après la victoire de Philippe ; mais ils ont le trésor de Delphes à leur disposition ; et comme ils ont augmentés la solde des troupes, ils attirent tous les mercenaires qui courent la Grèce. Cette dernière campagne n'a rien décidée. Ils ont perdus des batailles, ils en ont gagnés ; ils ont ravagés les terres des Locriens, et les leur ont été dévastées.

242. Les barbares qui composait la garnison attaquèrent le mure d'enceinte, en démolirent une partie, et repoussèrent les troupes de Syracuse, qui, sur l'espoir d'un accommodement prochain, s'étaient laissés surprendre.

243. Je vous ai rétabli, messieurs, sur les fleurs de lis d'où les saturnales de la ligue vous avait chassé. Ce corps, qui dépent de vous aujourd'hui, n'a vaine qui n'est saignée pour vous.

244. Cependant, admirant la ruse qu'avait employé le prisonnié pour se dérober aux tourments, en abrégant sa mort, ils accordèrent à son cadavre les honneurs funèbres de leur pays.

245. Peut-être devons-nous regretter ses temps d'une heureuse ignorance, où nos ayeux, moins grands mais moins criminelles, sans industrie mais sans remords, vivait pauvres et vertueux, et mourait dans le champ qui les avaient vu naîtres.

246. Quel que génie que je reconnaisse dans l'invention d'une arme meurtrière, j'exciterais une juste indignation, si je disais que tel homme ou tel nation eût la gloire de l'avoir inventé. La gloire, du moins selon les idées que je m'en suis formé, n'est

pas la récompense du plus grand succès dans les sciences.

247. Pendant la nuit, les généraux ont courus de tout côtés, et la trompette a retentie dans toute les rues. Au point du jour, les sénateurs se sont assemblés, sans rien conclure ; le peuple attendait avec impatience dans la place. Les Prytanes ont annoncés la nouvelle ; le courrier l'a confirmé : les généraux, les orateurs étaient présent.

248. Il y a un plaisir extrême à remarqué dans ces divers raisonnements en quoi les uns et les autres ont aperçus quelque chose de la vérité qu'ils ont essayés de connaître.

249. Des guerres longues et cruels, en opposants des obstacles insurmontables à la sortie des productions, ont rendus inutile les traveaux les mieux suivis, les plus opiniâtres. Ces calamités, qu'on a vu quelquefois réunies, et qui se sont au moins trop rapidement succédées, ont donnés naissance à une jurisprudence favorable aux débiteurs.

250. Les Espagnols n'ont aucune possession à l'ouest de l'île, entièrement occupée par les Français ; et ce n'est qu'après la dernière paix qu'ils ont jugés convenable de former des établissements à l'est, qu'on avait depuis long-temps perdue de vue.

251. Le présent le plus précieux que les îles aient reçues de l'Afrique, s'est le manioc. La plupart des historiens l'ont regardés comme une plante originaire d'Amérique. On ne voit pas trop sur qu'elle fondement est appuyé cet opinion, quoi qu'assez généralement reçut. Mais, la vérité en fut-elle démontré, les Antilles n'en tiendrons pas moins le

manioc des Européens, qui l'y ont transportés avec les Africains qui s'en nourrissaient.

252. Après que ces destructeurs eurent dépouillés les peuplades de l'or qu'elles avaient ramassées dans leurs rivières, des perles qu'elles avaient pêchées sur leurs côtes, ils disparurent.

253. A chacune de ces places étaient attachés une portion de terre plus ou moins étendu.

254. Depuis les Portugais, qui, les premiers, ont portés dans l'Inde des vues d'agrandissement, jusqu'aux Anglais, qui termine la liste fatal des usurpateurs, il n'y a pas une seul acquisition n'y grande n'y petite, qui, à l'exception du Bengale et des lieux ou croissent les épiceries, aient pus à la longue payer les dépenses qu'a entraîné sa conquête, qu'a exigé sa conservation. Plus les possessions ont été vastes, plus elles ont été honéreuses à la puissance ambitieuse qui, par quelle que voix que se put être, avait reussit à les obtenir.

255. Depuis la mort du réformateur de l'empire, les troupes ont étés encore perfectionnés et surtout multipliés. On les a vu s'élever successivement jusqu'à trois cents soixante milles quatre cents cinquante-sept hommes.

256. *Extrait d'une lettre des Dames de la Charité Maternelle au Rédacteur du Moniteur universel.*

On a fait dans plusieures feuilles publics une mention inexacte des charités dont la reine nous a confiée la distribution cette hiver ; ce qui nous a déterminé à la prier de nous permettre de rétablir les faits qu'elle voulait ensevelir dans le silence.

La reine est notre fondatrice. Elle a appellée auprès d'elle, le 11 décembre dernié, une députation de dix de nous : elle est entrée dans tout les détails et dans l'examen de tout les moyens qui pouvait soulagés les pauvres ; elle nous a chargé de distribuer seize cent livres par mois en nourriture et chauffage dans toute les paroisses de Páris. Les viellards, les infirmes, les veuves, et les familles nombreuses, ont étées l'objet particulié de son attention. Elle a ajoutée une somme de douze cent livres, destinée aux couvertures et vêtements pour les malades et les gens âgées. La reine en outre n'a point oubliée la société qu'elle a fondé : elle nous a autorisée à donner des secours et des layettes à trois cent mères pendant ces trois mois d'hiver. Voilà les faits dans toute leur intégrité.

257. Je suis très content des enfants que j'ai entendus interroger ce matin : ils paraissent avoir bien profités des leçons qu'on leurs a donné.

258. Oui, mademoiselle, les lettres que je vous ai vues écrire sont pleines de fautes que vous auriez pue corriger, si vous l'aviez voulue.

259. Vous vous êtes trompé, messieurs : je n'ai point tenu la conduite que vous avez assurés que je tiendrais.

260. Les parents de cet enfant se sont laissés tromper facilement : ils ont accordés aux personnes chargés de son éducation une confiance dont elles ont abusées.

261. Je vous enverrez les lettres que j'ai entendues lire ce matin : vous y verrez des choses que vous n'auriez jamais voulues croire.

262. Dès le premier moment que ces personnes se sont vus, elles se sont plus.

263. La perte ne s'est pas trouvé aussi grande que vous nous l'aviez annoncés.

264. Ce ne sont pas de telles collaborateurs qu'auraient choisi un homme qui aurait déjà eut conçu le hardi dessin qu'on suppose.

265. Heureux ceux qui ont finit leur voyage sans avoir quittés le port, et qui n'ont point, comme moi, traînés d'inutiles jours sur la terre!

266. Il est vrai que de toutes les espèces que nous avons rendus domestiques dans ce continent, aucune n'existait en Amérique : mais si les hommes sauvages dont elle était peuplés se fussent anciennement réunit, et qu'ils se fussent prêtés les lumières et les secours mutuelles de la société, ils auraient subjugués et faits servir à leur usage la plupart des animaux de leur pays; car ils sont presque tous d'un naturelle doux, docile, et timide, et il y en a peut de malfaisant, et presque aucun de redoutables.

267. On ne pouvait se plaindre de son administration, quoi qu'elle ne répondit pas à l'espérance qu'on en avait couçu.

268. Des que Rome, parvenu à un point de grandeur que nulle état n'avait encore atteint, ou nulle état n'est arrivé depuis, ce fût relâché des vertus mâles et des principes austères qui avaient posés les fondements de son élévation ; lorsque ses lois eurent perdues leur force, ses armées leur dissipline, ses citoyens leur amour pour la patrie, les barbares que la terreur du nom romain avait poussé vers le nord, et que la violence y avait entretenue, se dé-

bordèrent vers le midi. L'empire s'écroula de tout côtés, et ses plus belles provinces devinrent la proie des nations qu'il n'avait jamais cessées d'avilir ou d'opprimer.

269. Les îles de Banda fournissent aussi cinq ou six espèces de muscadiers sauvages, que les Hollandais ont négligés de détruires, parceque leur fruit peu aromatique et de nul valeur dans le commerce est simplement un objet de curiosité.

270. Le hasard, qui nous a procuré quelques découvertes, nous a peu-à-peu guérit de nos anciennes erreurs. La raison a semblée établir son règne depuis Descartes et Newton; mais tout deux, en nous montrant la grandeur de l'esprit humain en ont aussi montrés la faiblesse, puisqu'ils se sont égarés comme les autres quand ils ont voulus passer les bornes que Dieu a prescrit à notre curiosité.

271. Rarement a-t-on vu ceux qui se sont rendu illustre, soit par les armes, soit par les lettres, laisser des successeurs dignes d'eux. Les fils des grands hommes ont presque tous dégénérés, peut-être parcequ'on les découragent pour trop en attendre.

272. Eliza a écrit; et les hommes de sa nation qui ont mis le plus d'élégance et de goût dans leurs ouvrages n'auraient pas désavoués le petit nombre de pages qu'elle a laissée.

273. Sur ce sole stérile et sauvage s'est formé successivement une population de vingt milles hommes, libres ou esclaves.

274. L'habitude qu'ils ont contractés de vivre de lait et de végéteaux leur a donnée une aversion insurmontable pour le travail.

275. L'industrie, l'activité de ces nouveaux habitants, se communiquèrent à la nation hospitalière
qui les avaient si sagement accueillie.

276. En recherchant dans les voyageurs ce qu'ils
ont dits de la girafe, je les ai trouvé assez d'accords
entre eux.

277. Qu'on examine toutes les aventures des
hommes, on verra qu'ils n'ont réussit qu'aux petites
choses. La nature s'est réservée le secret des grandes,
et ne souffre pas que ses lois soient anéanti par les
nôtres.

278. Si vous êtes chez vous ce soir, ou demain,
ou après-demain, j'irai vous remercié. Je n'ai pas
répondu hier à votre lettre, parceque celui qui la apporté la laissé chez le portier, et s'en était allé avant
qu'on me l'a rendit.

279. Je crois devoir, avant d'ouvrir à mes lecteurs la carrière peu connue ou je me suis engagé,
leurs dire qu'elles moyens j'ai employé pour pénétrer à travers l'obscurité des siècles jusqu'aux temps
les plus reculés, comment j'ai suppléé au silence
de l'histoire, qu'elles preuves m'ont appuyées,
qu'elles principes m'ont dirigés dans cette marche.

280. Telles sont les moyens qui m'ont servis à
confectionner cette ouvrage. Telles sont les principes qui en ont coordonnés les diverses parties,
et qui m'ont guidés dans la route ténébreuse et
infréquentée que j'ai parcouru.

281. C'est une vérité constaté que les cultes se
sont succédés, ont changés d'objet, mais n'ont
point changés de place.

282. Rien ne serait plus inutile que de faire la

biographie d'une femme qui, de son vivant, a elle-même livrée ses mémoires au publique. Que dirait-on qu'elle n'est voulue révéler ou taire ? Rien ne serait plus hasardé que de juger en quelques lignes une femme auteur qui, ayant vécue quatre-vingts-cinq ans, a laissée plus de volumes encore qu'elle n'a contée d'années, et qui, par les diverses positions sociales qu'elle a occupée, s'est trouvé mêlée à la plupart des événements qui ont bouleversés la France, ou liée aux divers personnages qui l'ont dominés depuis quarante ans.

283. Il ne put jamais néanmoins m'arracher le secret de la mort d'Hercule, que j'avais jurée de ne dire jamais.

284. L'élévation d'un prince français sur le trône de Charles-Quint alluma une guerre générale ; et dès les premières hostilités, les galions furent brûlé dans le port de Vigo, où l'impossibilité de gagner Cadix les avaient forcée de se réfugier.

285. Ils ont dépeuplés un monde qu'ils avaient découverts ; ils ont donnés la mort à des millions d'hommes ; ils ont faits pis, ils les ont enchaînés ; ils ont faits pis encore, ils ont abrutis ceux que leur glaive avait épargné. Ceux qu'ils ont tués n'ont soufferts qu'un moment ; les malheureux qu'ils ont laissés vivre ont dûs cents fois envier le sort de ceux qu'on avait égorgé.

286. Aujourd'hui on ne peut remplir le moindre emploie sans avoir les premières notions de sa langue ; et ne pas écrire correctement, s'est dévoiler son ignorance et le peu d'éducation qu'on a reçut.

287. Une question reste indécise au milieu de tout

cela ; s'est de savoir si des ministres, quelqu'ils soient, quelles que bonnes intentions qui puissent les animer, ont le droit de disposer d'une augmentation ou d'un refus de territoire sans l'assentiment du pays.

288. Quelque soit la bannière qui flotte sur son temple, (*le temple de la Justice*), quelque soit le pouvoir au nom duqu'elle elle rend ses arrêts, pour elle rien ne s'altère, rien ne s'émeut, rien ne change, ses devoirs sont invariables ; car elle a toujours pour règle unique la vérité et la loi.

289. Quelques nettes que me paraissent ces idées, quelques fondées que soit ces vues, je ne m'attends pas à les voir adopter : le peuple ne raisonnera jamais que d'après ses sensations, et le vulgaire des phisiciens d'après ses préjugés.

290. Elle a bien profitée de tout les avantages que la fortune s'est plue à lui prodigué.

291. Si Athènes et Rome ont faits des choix admirables, si quelquefois elles se sont livrées avec confiance à des hommes respectables, quelquefois elles les ont punies des mauvais succès, et souvent encore elles ont préférées l'audace et la veine éloquence au mérite simple et modeste : elles ont bannis Aristide et Scipion.

292. Rarement cherche t'on à connaître la vie privé d'un auteur, quant elle n'a contribuée n'y à sa réputation n'y à sa gloire ; mais le moraliste excite un intérêt de curiosité qu'explique assez la nature de ses écrits : on veux savoir si sa conduite n'a pas démentie les leçons que sa plume a tracée.

293. Cette rivière reçoit celle de Cayari, où l'on découvrit, en mille sept cents quarante-neuf, une mine d'argent que des raisons de politique ont sans doute empêchées d'exploiter.

294. Ce prévenu, le plus actif des conspirateurs, et qui passaient rapidement d'un pays à l'autre, était Duverne de Presle, qui se faisait par fois nommer Dunan. Ses déclarations, fort curieuses, quoi que certainement incomplettes, n'en prouve pas moins de qu'elle côté partait les troubles, les conspirations, les orages, qui ont si long temps arrêtés la marche de la révolution, dénaturés ses principes; de qu'elle côté partait les coups qui l'ont ensanglantés pour la rendre odieuse.

295. Je voudrais pouvoir, au prix de tout mon sang, rachetter les pleurs que vous avés versées. Dourlinski, dans l'horrible esclavage au quelle il va être réduit, n'emportera t'il pas le souvenir consolant de vous avoir entendu lui dire qu'il ne vous est pas audieux ? Fille trop aimable, et jusqu' aprésent trop malheureuse, quels que grands que soit mes tords, je puis encore les réparés d'un seule mot.

296. C'était une consolation pour moi que la lumière du jour me quita, et que la nuit vint m'envelopper de ses ombres pour déplorer en liberté ma misérable destinée.

297. Ils fuyent à la mercie des ondes. Idoménée, revenant à soi, les remercient de l'avoir arraché d'une terre qu'il a arrosé du sang de son fils, et qu'il ne saurait plus habiter.

298. Tel fût la reine dans tout le court de sa vie : Dieu l'avait élevé sur le trône, afin qu'elle honora

sa religion ; unit au plus grand roi du monde , afin que sa vertu fut plus regardé ; établit dans un pays ou la communication plus libre des rois avec leurs sujets fait qu'on perd moins de leurs bons exemples. Elle suivie sa vocation ; et jamais vie ne fût plus pure, plus régulière , plus uniforme , plus approuvé. Est–il échappé quelque indiscrétion à sa jeunesse ? Sa beautée n'a–t–elle pas toujours étée sous la garde de la plus scrupuleuse vertue ? A–t–elle aimée qu'on la loua contre la vérité, ou qu'on la divertit aux dépends de la charité chrétienne ? A quel espèce de ses devoirs publicques ou particuliers , de religion ou domestiques, a–t–elle manquée ? Quelle liberté s'est–elle donné qui pue, je ne dis pas mériter une censure, mais souffrir une mauvaise interprétation ?

299. Votre frère et votre cousin se sont rencontrés chez moi ce matin ; ils se sont parlés fort long-temps au sujet de l'affaire qui les as brouillée l'année dernière. Votre sœur s'est imaginée que je pourrais contribuer à les raccommodés : elle est venue me prier de leurs faire entendre raison sur leur véritables intérêts. Mais, comme je suis plus lié avec votre cousin qu'avec vorte frère , qui, à mon avis, a le plus grand tort, la crainte d'être accusé de quelque partialité ma fait refuser d'entendre toutes les raisons qu'ils auraient voulues me douner. Je leur ai proposé de s'en remettre au jugement de M. B......., homme sage, qui connaît mieux que personne le sujet de leur contestation , et qu'eux–même connaissent incapable de prononcer contre la vérité : ils se sont décidés sur–le-champ à le consulter le plus tôt possible. S'ils ne changent pas de sentiments, comme je l'espère, c'est

6.

une affaire que je regarde comme terminée. J'en se~
rais bien aise ; car votre frère et votre cousin sont
deux personnes que j'ai toujours aimées à voir en
bonne intelligence.

3oo. Je ne conçois rien à la conduite qu'à tenu jusqu'ici votre mère. Elle m'a demandée des conseil, et
je lui en ai donnés : elle s'était décidée à les suivre ;
mais elle s'est imaginée que je la trompais, et elle
m'a retirée sa confiance pour la donner à un intri-
guant qui lui a fait voir tout en beau, et qui a commencé par lui demander une somme assez considérable, qu'elle lui a proposée de prendre chez moi
sur les fonds qu'elle m'a déposée. Convaincu que
cet homme se comporte mal envers votre mère, j'ai
employé tous les moyens que j'ai pus pour différer le
paiement des mille francs qu'elle m'a donnés ordre
de lui conter. Le peu de bonne foie que j'ai remar-
quée dans les propos qu'il m'a tenu, les changements
qu'il a proposés de faire dans les choses les plus
claires et les plus évidentes, la peine qu'il a eü à me
donner raison sur un point qui ne souffrira de contestation devant personne, le peu d'intérêt qu'il paraît
prendre à la part que vous avez dans cette affaire,
mille raisons, en un mot, m'ont déterminées à vous
prier de passer chez moi le plus tôt qu'il vous sera
possible. Nous irons ensembles chez votre mère : et
comme elle a beaucoup de confiance en vous, il
vous sera facile de lui faire entendre qu'on la mal
conseillé ; qu'elle s'est livrée aveuglément à un
homme qui l'a trompé, et qui ne peut nullement lui
être aussi utile qu'elle l'a pensée.

CHAPITRE V.

EXERCICES SUR LA PONCTUATION.

1. Ce peuple laborieux simple dans ses mœurs accoutumé à vivre de peu gagnant facilement sa vie par la culture de ses terres se multiplie à l'infini

2. Le secrétaire d'état chargé des ordres de la guerre ou rebuté d'un traitement qui ne répondait pas à son attente ou déçu par la douceur apparente du repos qu'il crut trouver dans la solitude ou flatté d'une secrète espérance de se voir avantageusement rappelé par la nécessité de ses services ou agité de ces je ne sais quelles inquiétudes dont les hommes ne savent pas se rendre compte à eux-mêmes se résolut tout-à-coup à quitter cette grande charge

3. Les grandes îles qui composent cet empire placées sous un ciel orageux environnées de tempêtes agitées par des volcans sujettes à ces grands accidents de la nature qui impriment la terreur étaient remplies d'un peuple que la superstition dominait

4. Le silence de la nuit le calme de la mer la lumière tremblante de la lune répandue sur la face des ondes le sombre azur du ciel semé de brillantes étoiles servaient à rendre ce spectacle encore plus beau

5. Les pierres précieuses les perles l'ambre l'ivoire la porcelaine l'or l'argent les étoffes de soie et de coton l'indigo le sucre les épiceries les bois précieux les aromates les beaux vernis tout ce qui peut

ajouter aux délices de la vie y était apporté des
diverses contrées de l'Orient

6. C'est dans cet heureux séjour que Xénophon
avait composé la plupart de ses ouvrages et que
depuis une longue suite d'années il coulait des jours
consacrés à la philosophie à la bienfaisance à l'agriculture à la chasse à tous les exercices qui entre-
tiennent la liberté de l'esprit et la santé du corps

7. On les accoutumait à sauter sans aide sur le
cheval à lancer des traits à franchir des fossés à
grimper sur des hauteurs à courir sur un terrain en
pente à s'attaquer à se poursuivre à faire toutes
sortes d'évolutions tantôt séparément de l'infanterie
tantôt conjointement avec elle

8. Après avoir traversé une basse-cour peuplée
de poules de canards et d'autres oiseaux domestiques nous visitâmes l'écurie la bergerie ainsi que
le jardin des fleurs où nous vîmes successivement
briller les narcisses les jacinthes les anémones les
iris les violettes de différentes couleurs les roses de
diverses espèces et toutes sortes de plantes odori-
férantes

9. Quand il est question d'un meurtre le second
des archontes fait les informations les porte à l'aréo-
page se mêle parmi les juges et prononce avec eux
les peines que prescrivent des lois gravées sur une
colonne

10. Il assemble une forte armée tombe sur
l'Illyrie s'empare de plusieurs villes fait un butin
immense revient en Macédoine pénètre en Thessalie
où l'appellent ses partisans la délivre de tous ces
petits tyrans qui l'opprimaient la partage en quatre

grands districts place à leur tête les chefs qu'elle desire et qui lui sont dévoués s'attache par de nouveaux liens les peuples qui l'habitent se fait confirmer les droits qu'il percevait dans leurs ports et retourne paisiblement dans ses états

11. Cet homme fils de la nature proclama les lois de sa mère s'arma pour les soutenir réveilla ses compatriotes endormis sous le poids des fers mit dans leurs mains le soc des charrues changé par lui en glaive des héros vainquit dispersa les cohortes que lui opposaient les tyrans et dans un siècle barbare dans des rochers presque inhabitables sut fonder une retraite à ces deux filles du ciel consolatrices de la terre à la raison à la vertu

12.　　Dans ce tombeau gît un Anglais
　　Dont on vantait les mœurs et le courage
　　Mais qui forcé d'estimer un Français
　　Le lendemain mourut de rage

13. Ce que nous estimons c'est la santé la frugalité la liberté la vigueur de corps et d'esprit c'est l'amour de la vertu la crainte des dieux le bon naturel pour nos proches l'attachement à nos amis la fidélité pour tout le monde la modération dans la prospérité la fermeté dans les malheurs le courage pour dire la vérité l'horreur de la flatterie

14. Socrate ne se flattait pas que sa doctrine serait goûtée des Athéniens pendant que la guerre du Péloponèse agitait les esprits et portait la licence à son comble mais il présumait que leurs enfants plus dociles la transmettraient à la génération suivante

15.   Tous les vers que tu nous récites
       Sont à la vérité les miens
       Mais quand si mal tu les débites
       On dirait que ce sont les tiens

16. On vit donc un simple particulier sans naissance sans crédit sans aucune vue d'intérêt sans aucun desir de la gloire se charger du soin pénible et dangereux d'instruire les hommes et de les conduire à la vertu par la vérité on le vit consacrer sa vie tous les moments de sa vie à ce glorieux ministère l'exercer avec la chaleur et la modération qu'inspire l'amour éclairé du bien public et soutenir autant qu'il lui était possible l'empire chancelant des lois et des mœurs

17. En continuant de raser la côte jusqu'au fond du golfe de Messénie nous vîmes à Mothone un puits dont l'eau naturellement imprégnée de particules de poix a l'odeur et la couleur du baume de Cyzique à Colonides des habitants qui sans avoir ni les mœurs ni la langue des Athéniens prétendent descendre de ce peuple parcequ'auprès d'Athènes est un bourg nommé Colone plus loin un temple d'Apollon aussi célèbre qu'ancien où les malades viennent chercher et croient trouver leur guérison plus loin encore la ville de Coronée récemment construite par ordre d'Épaminondas enfin l'embouchure du Pamisus où nous entrâmes à pleines voiles

18. Voilà sans aller chercher d'autres causes ce qui leur donne l'empire de la mer et qui fait fleurir dans leur port un si utile commerce si la division et la jalousie se mettaient entre eux s'ils commen-

çaient à s'amollir dans les délices et dans l'oisiveté
si les premiers de la nation méprisaient le travail
et l'économie si les arts cessaient d'être en honneur
dans leur ville s'ils manquaient de bonne foi envers
les étrangers s'ils altéraient tant soit peu les règles
d'un commerce libre s'ils négligeaient leurs manufactures et s'ils cessaient de faire les grandes avances
qui sont nécessaires pour rendre leurs marchandises
parfaites chacune dans son genre vous verriez bientôt
tomber cette puissance que vous admirez

19. S'il voit régner la discorde entre ses camarades il cherche à les réconcilier s'il voit des affligés
il s'informe du sujet de leurs peines s'il voit deux
hommes se haïr il veut connaître la cause de leur
inimitié s'il voit un opprimé gémir des vexations du
puissant ou du riche il cherche de quelles manœu-
vres se couvrent ces vexations et dans l'intérêt qu'il
prend à tous les misérables les moyens de finir leurs
maux ne sont jamais indifférents pour lui

20. Premièrement ces empires ont pour la plupart une liaison nécessaire avec l'histoire du peuple
de Dieu Dieu s'est servi des Assyriens et des Baby-
loniens pour châtier ce peuple des Perses pour le
rétablir d'Alexandre et de ses premiers successeurs
pour le protéger d'Antiochus l'illustre et de ses successeurs pour l'exercer des Romains pour soutenir
sa liberté contre les rois de Syrie qui ne songeaient
qu'à le détruire

21.   ÉPIGRAMME EN FORME D'ERRATA.

Si vous lisez dans l'épitaphe
Du magistrat *Fabrice* Il fut homme *de bien*

C'est une faute d'orthographe
Passant lisez Homme *de rien*
Si vous lisez Il aima la justice
A tout le monde *il la rendit*
C'est une faute encor je connaissais Fabrice
Lisez passant *Il la vendit*

22. A MADAME DE POMPADOUR, QUI DESSINAIT UNE TÊTE.

Pompadour ton crayon divin
Devait dessiner ton visage
Jamais une plus belle main
N'aurait fait un plus bel ouvrage

23. ÉPITAPHE D'UN PARESSEUX.

Ci-gît Charlot le paresseux
Lequel à son heure dernière
S'écria que je suis heureux
Je vais n'avoir plus rien à faire

24. On peut avoir trois principaux objets dans l'étude de la vérité l'un de la découvrir quand on la cherche l'autre de la démontrer quand on la possède le dernier de la discerner d'avec le faux quand on l'examine

25. Quelle vanité que la peinture qui attire l'admiration par la ressemblance des choses dont on n'admire pas les originaux.

26. L'homme qu'on voyait dans les premiers temps épargner la vie des bêtes s'est accoutumé à n'épargner plus la vie de ses semblables

27. Nous cherchons notre bonheur hors de nous-mêmes et dans l'opinion des hommes que nous connaissons flatteurs peu sincères sans équité pleins d'envie de caprices et de préventions quelle bizarrerie

28. Les enfants sont hautains dédaigneux colères envieux curieux intéressés paresseux volages timides

intempérants menteurs dissimulés ils rient et pleurent facilement ils ont des joies immodérées et des afflictions amères sur de très petits sujets ils ne veulent point souffrir de mal et aiment à en faire ils sont déjà hommes

29. Tous les objets que je voyais me semblaient les garants de ma prochaine félicité dans les maisons j'imaginais des festins rustiques dans les prés de folâtres jeux le long des eaux les bains des promenades la pêche sur les arbres des fruits délicieux sous leur ombre de voluptueux tête-à-tête sur les montagnes des cuves de lait et de crême une oisiveté charmante la paix la simplicité le plaisir d'aller sans savoir où

30. Il écoute avec une attention obligeante il applaudit avec transport à un trait d'esprit pourvu qu'il soit rapide à une pensée neuve pourvu qu'elle soit juste à un grand sentiment dès qu'il n'est pas exagéré

31. J'entre dans une nouvelle carrière je n'y marche qu'en tremblant les idées que je vais proposer paraîtront aussi révoltantes que chimériques mais après tout je m'en méfie moi-même et cette disposition d'esprit si je m'égare doit me faire absoudre d'avance d'une erreur involontaire

32. Nous n'avons ni l'ouvrage d'Éphore qui donnait à la mora cinq cents hommes ni celui de Callisthène qui lui en donnait sept cents ni l'endroit de Polybe où il la portait jusqu'à neuf cents mais nous ne craignons pas d'avancer que leurs calculs n'avaient pour objet que des cas particuliers et que Diodore de Sicile ne s'est pas expliqué avec assez

d'exactitude lorsqu'il a dit absolument que chaque mora était composée de cinq cents hommes

33. Écarter des emplois publics ceux de ses élèves qui n'avaient pas encore assez d'expérience en rapprocher d'autres qui s'en éloignaient par indifférence ou par modestie les réunir quand ils étaient divisés rétablir le calme dans leurs familles et l'ordre dans leurs affaires les rendre plus religieux plus justes plus tempérants tels étaient les effets de cette persuasion douce qu'il faisait couler dans les ames tels étaient les plaisirs qui transportaient la sienne

34. De là ces haines et ces guerres nationales qui ont divisé pendant si long-temps la Thessalie la Béotie l'Arcadie et l'Argolide elles n'affligèrent jamais l'Attique ni la Laconie l'Attique parceque ses habitants vivent sous les mêmes lois comme citoyens de la même ville la Laconie parceque les siens furent toujours retenus dans la dépendance par la vigilance active des magistrats de Sparte et la valeur connue des Spartiates

35. Antisthène cherchait à corriger les passions Diogène voulait les détruire le sage pour être heureux devait selon lui se rendre indépendant de la fortune des hommes et de lui-même de la fortune en bravant ses faveurs et ses caprices des hommes en secouant les préjugés les usages et jusqu'aux lois quand elles n'étaient pas conformes à ses lumières de lui-même en travaillant à endurcir son corps contre les rigueurs des saisons et son ame contre l'attrait des plaisirs

36. D'après cette légère esquisse on doit juger de l'extrême surprise qu'éprouverait un amateur des

arts qui attiré à Lacédémone par la haute réputation de ses habitants n'y trouverait au lieu d'une ville magnifique que quelques pauvres hameaux au lieu de belles maisons que des chaumières obscures au lieu de guerriers impétueux et turbulents que des hommes tranquilles et couverts pour l'ordinaire d'une cape grossière mais combien augmenterait sa surprise lorsque Sparte mieux connue offrirait à son admiration un des plus grands hommes du monde un des plus beaux ouvrages de l'homme Lycurgue et son institution

37. POUR UN BUSTE DU MARÉCHAL DE SAXE.

Rome eut dans Fabius un guerrier politique
Dans Annibal Carthage eut un chef héroïque
La France plus heureuse a dans ce fier Saxon
La tête du premier et le bras du second

38. Je conçois dans l'espèce humaine deux sortes d'inégalités l'une que j'appelle naturelle ou physique parcequ'elle est établie par la nature et qui consiste dans la différence des âges de la santé des forces du corps et des qualités de l'esprit ou de l'ame l'autre qu'on peut appeler inégalité morale ou politique parcequ'elle dépend d'une sorte de convention et qu'elle est établie ou du moins autorisée par le consentement des hommes

39. Ce qui fait voir que les hommes connaissent mieux leurs fautes qu'on ne pense c'est qu'ils n'ont jamais tort quand on les entend parler de leur conduite le même amour-propre qui les aveugle d'ordinaire les éclaire alors et leur donne des vues si justes qu'il leur fait supprimer ou déguiser les moindres choses qui peuvent être condamnées

40. Le léopard prétendait avoir de grands avantages sur le renard remarque bien lui disait-il la beauté de ma peau vois comme elle est luisante tachetée et mouchetée ami penses-tu que de la tienne à la mienne il puisse y avoir l'ombre de comparaison j'en vois si peu repartit le renard que je t'avouerai franchement que je me croirais fort au-dessous de toi si je ne savais pas que les connaisseurs font un peu plus de cas de l'esprit que de la peau

41. L'avarice produit souvent des effets contraires il y a un nombre infini de gens qui sacrifient tout leur bien à des espérances douteuses et éloignées d'autres méprisent de grands avantages à venir pour de petits intérêts présents

42. Il y en a qui traitent d'opiniâtres tous ceux qui ne sont pas de leur sentiment et qui se mettant en possession de la vérité ne croient pas qu'on puisse leur rien contester sans opiniâtreté

Mais cette idée est très fausse il n'y a pas proprement de l'opiniâtreté à n'être pas du sentiment d'un autre

Si l'on a raison de n'en être pas on est louable de ne pas s'y rendre et si l'on se trompe c'est une erreur de l'esprit mais c'est toujours un effet de sincérité que d'avouer de bonne foi que l'on n'est pas persuadé de ce sentiment

Qu'est-ce donc que d'être opiniâtre c'est d'être attaché à son sentiment vrai ou faux en sorte qu'on ne s'imagine pas pouvoir avoir tort et que l'on ne daigne pas examiner les raisons de ceux qui sont persuadés que nous sommes dans l'erreur c'est se

blesser d'être contredit et s'imaginer qu'en combat-
tant notre opinion on combat la raison même

43. Ainsi souvent mes frères le peuple l'adore
(*Dieu*) et vous l'outragez le peuple l'apaise et vous
l'irritez le peuple l'invoque et vous l'oubliez le
peuple le sert avec un bon zèle et vous méprisez ses
serviteurs le peuple lève sans cesse les mains vers
lui et vous doutez même s'il existe vous qui ressentez
les effets de sa libéralité et de sa puissance ses châ-
timents lui forment des adorateurs et ses bienfaits ne
lui valent que des dérisions et des outrages

44. Tout s'empoisonne entre les mains de cette
furieuse passion (*la jalousie*) la piété la plus avérée
n'est plus qu'une hypocrisie mieux conduite la valeur la plus éclatante une pure ostentation ou un
bonheur qui tient lieu de mérite la réputation la
mieux établie une erreur publique où il entre plus
de prévention que de vérité les talents les plus
utiles à l'état une ambition démesurée qui ne cache
qu'un grand fonds de médiocrité et d'insuffisance le
zèle pour la patrie un art de se faire valoir et de se
rendre nécessaire les succès même les plus glorieux
un assemblage de circonstances heureuses qu'on doit
à la bizarrerie du hasard plus qu'à la sagesse des
mesures la naissance la plus illustre un grand nom
sur lequel on est enté et qu'on ne tient pas de ses
ancêtres

45. Il décrira en tout ou en partie ce qui existe
et ce qui s'opère dans les cieux dans l'intérieur et sur
la surface de notre globe dans les cieux les météores
les distances et les révolutions des planètes la nature des astres et des sphères auxquelles ils sont

attachés dans le sein de la terre les fossiles les minéraux les secousses violentes qui bouleversent le globe sur la surface les mers les fleuves les plantes les animaux

46. Je ne vous fais pas de compliment sur la prise de Philisbourg vous aviez une bonne armée une excellente artillerie et Vauban je ne vous en fais pas non plus sur les preuves que vous avez données de bravoure et d'intrépidité ce sont des vertus héréditaires dans votre maison mais je me réjouis avec vous de ce que vous êtes libéral généreux humain faisant valoir les services d'autrui et oubliant les vôtres c'est sur quoi je vous fais mon compliment

47. Je ne pourrais en quatre pages d'écriture répondre aux quatre lignes que je reçois de vous monsieur je n'ai jamais rien vu de si joli de si galant comment faites-vous pour rendre si agréable un compliment si commun si trivial si répété expliquez-le-moi je vous en prie désespérée de ces lettres de bonne année il me prend envie de souhaiter toutes sortes de guignons à ceux à qui j'écris afin de varier un peu la phrase je n'ai pas la force de commencer par vous ainsi monsieur apprenez que je vous souhaite de bonnes années sans nombre tous les bonheurs que vous méritez et que je suis avec un attachement très parfait etc.

48. Pourquoi faut-il qu'ayant trouvé tant de bonnes gens dans ma jeunesse j'en trouve si peu dans un âge avancé leur race est-elle épuisée non mais l'ordre de gens où j'ai besoin de les chercher aujourd'hui n'est plus le même où je les trouvais alors parmi le peuple où les grandes passions ne

parlent que par intervalles les sentiments de la nature se font plus souvent entendre dans les états les
plus élevés ils sont étouffés absolument et sous le
masque du sentiment il n'y a jamais que l'intérêt
ou la vanité qui parle

49. Combien de réputations innocentes sauva-t-elle
des mauvais bruits qu'allait semer la haine d'un ennemi ou la jalousie d'un concurrent combien de fois
par un triste silence ou par un sévère regard étouffa-
t-elle dans sa naissance une calomnie qui aurait causé
des divisions éternelles combien de fois arrêta-t-elle
par autorité le coup mortel qu'une langue cruelle
allait porter à l'honneur ou à la fortuue d'une famille

50. Je voudrais qu'on choisît tellement les sociétés
d'un jeune homme qu'il pensât bien de ceux qui
vivent avec lui et qu'on lui apprît à si bien connaître
le monde qu'il pensât mal de tout ce qui s'y fait qu'il
sache que l'homme est naturellement bon qu'il le
sente qu'il juge de son prochain par lui-même mais
qu'il voie comment la société déprave et pervertit les
hommes qu'il trouve dans leurs préjugés la source
de tous leurs vices qu'il soit porté à estimer chaque
individu mais qu'il méprise la multitude qu'il voie
que tous les hommes portent à peu près le même
masque mais qu'il sache aussi qu'il y a des visages
plus beaux que le masque qui les couvre

51. Non la philosophie ne saurait se concilier
avec la tragédie l'une détruit continuellement l'ouvrage de l'autre la première crie d'un ton sévère au
malheureux oppose un front serein à la tempête
reste debout et tranquille au milieu des ruines qui
te frappent de tous côtés respecte la main qui

l'écrase et souffre sans murmurer telle est la loi de la sagesse la tragédie d'une voix plus touchante et plus persuasive lui crie à son tour mendiez des consolations déchirez vos vêtements roulez-vous dans la poussière pleurez et laissez éclater votre douleur telle est la loi de la nature

52. Un autre jour on traitait d'infame ce citoyen d'Athènes qui donna son suffrage contre Aristide parcequ'il était ennuyé de l'entendre sans cesse appeler le juste je sens répondit Protésilas que dans un moment d'humeur j'eusse fait la même chose que cet Athénien mais auparavant j'aurais dit à l'assemblée générale Aristide est juste je le suis autant que lui d'autres le sont autant que moi quel droit avez-vous de lui accorder exclusivement un titre qui est la plus noble des récompenses vous vous ruinez en éloges et ces brillantes dissipations ne servent qu'à corrompre les vertus éclatantes qu'à décourager les vertus obscures j'estime Aristide et je le condamne non que je le croie coupable mais parcequ'à force de m'humilier vous m'avez forcé d'être injuste

53. Les victoires que les Grecs venaient de remporter sur les Perses les avaient convaincus de nouveau que rien n'exalte plus les ames que les témoignages éclatants de l'estime publique Pindare profitant de la circonstance accumulant les expressions les plus énergiques les figures les plus brillantes semblait emprunter la voix du tonnerre pour dire aux états de la Grèce ne laissez pas éteindre le feu divin qui embrase nos cœurs excitez toutes les espèces d'émulation honorez tous les genres de mérite n'at-

tendez que des actes de courage et de grandeur de celui qui ne vit que pour la gloire aux Grecs assemblés dans les champs d'Olympie il disait les voilà ces athlètes qui pour obtenir en votre présence quelques feuilles d'olivier se sont soumis à de si rudes travaux que ne ferez-vous donc pas quand il s'agira de venger votre patrie

54. Cette époque de la ruine de Troie arrivée environ l'an 308 après la sortie d'Égypte et 1164 ans après le déluge est considérable tant à cause de l'importance d'un si grand événement célébré par les deux plus grands poètes de la Grèce et de l'Italie qu'à cause qu'on peut rapporter à cette date ce qu'il y a de plus remarquable dans les temps appelés fabuleux ou héroïques fabuleux à cause des fables dont les histoires de ce temps sont enveloppées héroïques à cause de ceux que les poètes ont appelés les enfants des dieux et les héros leur vie n'est pas éloignée de cette prise car du temps de Laomédon père de Priam paraissent tous les héros de la toison d'or Jason Hercule Orphée Castor et Pollux et les autres qui vous sont connus et du temps de Priam même durant le dernier siège de Troie on voit les Achille les Agamemnon les Ménélas les Ulysse Hector Sarpédon fils de Jupiter Énée fils de Vénus que les Romains reconnaissent pour leur fondateur et tant d'autres dont des familles illustres et des nations entières ont fait gloire de descendre.

55. Ce fut alors que commencèrent les persécutions du peuple de Dieu Antiochus l'illustre régnait comme un furieux il tourna toute sa fureur contre les juifs et entreprit de ruiner le temple la loi de Moïse et toute la nation l'autorité des Romains

l'empêcha de se rendre maître de l'Égypte ils faisaient la guerre à Persée qui plus prompt à entreprendre qu'à exécuter perdait ses alliés par son avarice et ses armées par sa lâcheté vaincu par le consul Paul Émile il fut contraint de se livrer entre ses mains Gentius roi de l'Illyrie son allié abattu en trente jours par le préteur Anicius venait d'avoir un sort semblable le royaume de Macédoine qui avait duré 700 ans et avait près de 200 ans donné des maîtres non seulement à la Grèce mais encore à tout l'Orient ne fut plus qu'une province romaine les fureurs d'Antiochus s'augmentaient contre le peuple de Dieu on voit paraître alors la résistance de Mathatias sacrificateur de la race de Phinées et imitateur de son zèle les ordres qu'il donne en mourant pour le salut de son peuple les victoires de Judas le Machabée son fils malgré le nombre infini de ses ennemis l'élévation de la famille des Asmonéens ou des Machabées la nouvelle dédicace du temple que les Gentils avaient profané le pontificat de Judas et la gloire du sacerdoce rétablie la mort d'Antiochus digne de son impiété et de son orgueil sa fausse conversion durant sa dernière maladie et l'implacable colère de Dieu contre ce roi superbe son fils Antiochus Eupator encore en bas âge lui succéda sous la tutèle de Lysias son gouverneur durant cette minorité Démétrius Soter qui était en otage à Rome crut se pouvoir rétablir mais il ne put obtenir du sénat d'être renvoyé dans son royaume la politique romaine aimait mieux un roi enfant

56. Quoique tout soit également parfait en soi

puisque tout est sorti des mains du créateur il est cependant relativement à nous des êtres accomplis et d'autres qui semblent être imparfaits ou difformes les premiers sont ceux dont la figure nous paraît agréable et complète parceque toutes les parties sont bien ensemble que le corps et les membres sont proportionnés les mouvements assortis toutes les fonctions faciles et naturelles les autres qui nous paraissent hideux sont ceux dont les qualités nous sont nuisibles ceux dont la nature s'éloigne de la nature commune dont la forme est trop différente des formes ordinaires desquelles nous avons reçu les premières sensations et tiré les idées qui nous servent de modèle pour juger une tête humaine sur un cou de cheval le corps couvert de plumes et terminé par une queue de poisson n'offrent un tableau d'une énorme difformité que parcequ'on y réunit ce que la nature a de plus éloigné un animal qui comme la chauve-souris est à demi quadrupède à demi volatile et qui n'est en tout ni l'un ni l'autre est pour ainsi dire un être monstre en ce que réunissant les attributs de deux genres si différents il ne ressemble à aucun des modèles que nous offrent les grandes classes de la nature il n'est qu'imparfaitement quadrupède et il est encore plus imparfaitement oiseau un quadrupède doit avoir quatre pieds un oiseau a des plumes et des ailes dans la chauve-souris les pieds de devant ne sont ni des pieds ni des ailes quoiqu'elle s'en serve pour voler et qu'elle puisse aussi s'en servir pour se traîner ce sont en effet des extrémités difformes dont les

os sont monstrueusement alongés et réunis par
une membrane qui n'est couverte ni de plumes ni
même de poil comme le reste du corps ce sont
des espèces d'ailerons ou si l'on veut des pattes
ailées où l'on ne voit que l'ongle d'un pouce court
et dont les quatre autres doigts très longs ne peuvent agir qu'ensemble et n'ont point de mouvements propres ni de fonctions séparées ce sont des
espèces de mains dix fois plus grandes que les pieds
et en tout quatre fois plus longues que le corps
entier de l'animal ce sont en un mot des parties
qui ont plutôt l'air d'un caprice que d'une pro-
duction régulière

57. LE VRAI PHILOSOPHE.

Non la philosophie est sobre en ses discours
Et croit que les meilleurs sont toujours les plus courts
Que de la vérité l'on atteint l'excellence
Par la réflexion et le profond silence
Le but d'un philosophe est de si bien agir
Que de ces actions il n'ait point à rougir
Il ne tend qu'à pouvoir se maîtriser soi-même
C'est là qu'il met sa gloire et son bonheur suprême
Sans vouloir imposer par ses opinions
Il ne parle jamais que par ses actions
Loin qu'en systèmes vains son esprit s'alambique
Être vrai juste bon c'est son système unique
Humble dans le bonheur grand dans l'adversité
Dans la seule vertu trouvant la volupté
Faisant d'un doux loisir ses plus chères délices
Plaignant les vicieux et détestant les vices
Voilà le philosophe et s'il n'est ainsi fait
Il usurpe un beau titre et n'en a pas l'effet

58. L'AMOUR-PROPRE ET LA MODESTIE.

Dans les temps reculés de la mythologie
    Au beau milieu de la céleste cour

On vit naître le même jour
L'amour-propre et la modestie
Ce couple dit Jupin nous vient fort à propos
La modestie avec les sots
Ira toujours de compagnie
L'amour-propre au contraire ira chez le génie
Et le consolera de ses nombreux travaux
Mais le destin à barbe grise
En décida bien autrement
Ah vous le devinez sans que je vous le dise
La modestie épousa le talent
Et l'amour propre épousa la sottise

L'avis de Jupiter était plus consolent

59. LA DOULEUR ET L'ENNUI.

Mourant de faim un pauvre se plaignait
Rassasié de tout un riche s'ennuyait
Qui des deux souffrait davantage
Écoutez sur ce point la maxime du sage
De la douleur et de l'ennui
Connaissez bien la différence
L'ennui ne laisse plus de desirs après lui
Mais la douleur près d'elle a toujours l'espérance

60. LE ROSSIGNOL ET LE PRINCE.

Un jeune prince avec son gouverneur
Se promenait dans un bocage
Et s'ennuyait suivant l'usage
C'est le profit de la grandeur
Un rossignol chantait sous le feuillage
Le prince l'aperçoit et le trouve charmant
Et comme il était prince il veut dans le moment
L'attraper et le mettre en cage
Mais pour le prendre il fait du bruit
Et l'oiseau fuit
Pourquoi donc dit alors son altesse en colère
Le plus aimable des oiseaux

Se tient-il dans les bois farouche et solitaire
Tandis que mon palais est rempli de moineaux
C'est lui dit le mentor afin de vous instruire
De ce qu'un jour vous devez éprouver
Les sots savent tous se produire
Le mérite se cache il faut l'aller chercher

61. LE PAON SE PLAIGNANT A JUNON.

Le paon se plaignait à Junon
Déesse disait-il ce n'est pas sans raison
Que je me plains que je murmure
Le chant dont vous m'avez fait don
Déplaît à toute la nature
Au lieu qu'un rossignol chétive créature
Forme des sons aussi doux qu'éclatants
Est lui seul l'honneur du printemps
Junon répondit en colère
Oiseau jaloux et qui devrais te taire
Est-ce à toi d'envier la voix du rossignol
Toi que l'on voit porter à l'entour de ton col
Un arc-en-ciel nué de cent sortes de soies
Qui te panades qui déploies
Une si riche queue et qui semble à nos yeux
La boutique d'un lapidaire
Est-il quelque oiseau sous les cieux
Plus que toi capable de plaire
Tout animal n'a pas toutes propriétés
Nous vous avons donné diverses qualités
Les uns ont la grandeur et la force en partage
Le faucon est léger l'aigle plein de courage
Le corbeau sert pour le présage
La corneille avertit des malheurs à venir
Tous sont contents de leur ramage
Cesse donc de te plaindre ou bien pour te punir
Je t'ôterai ton plumage

FIN.

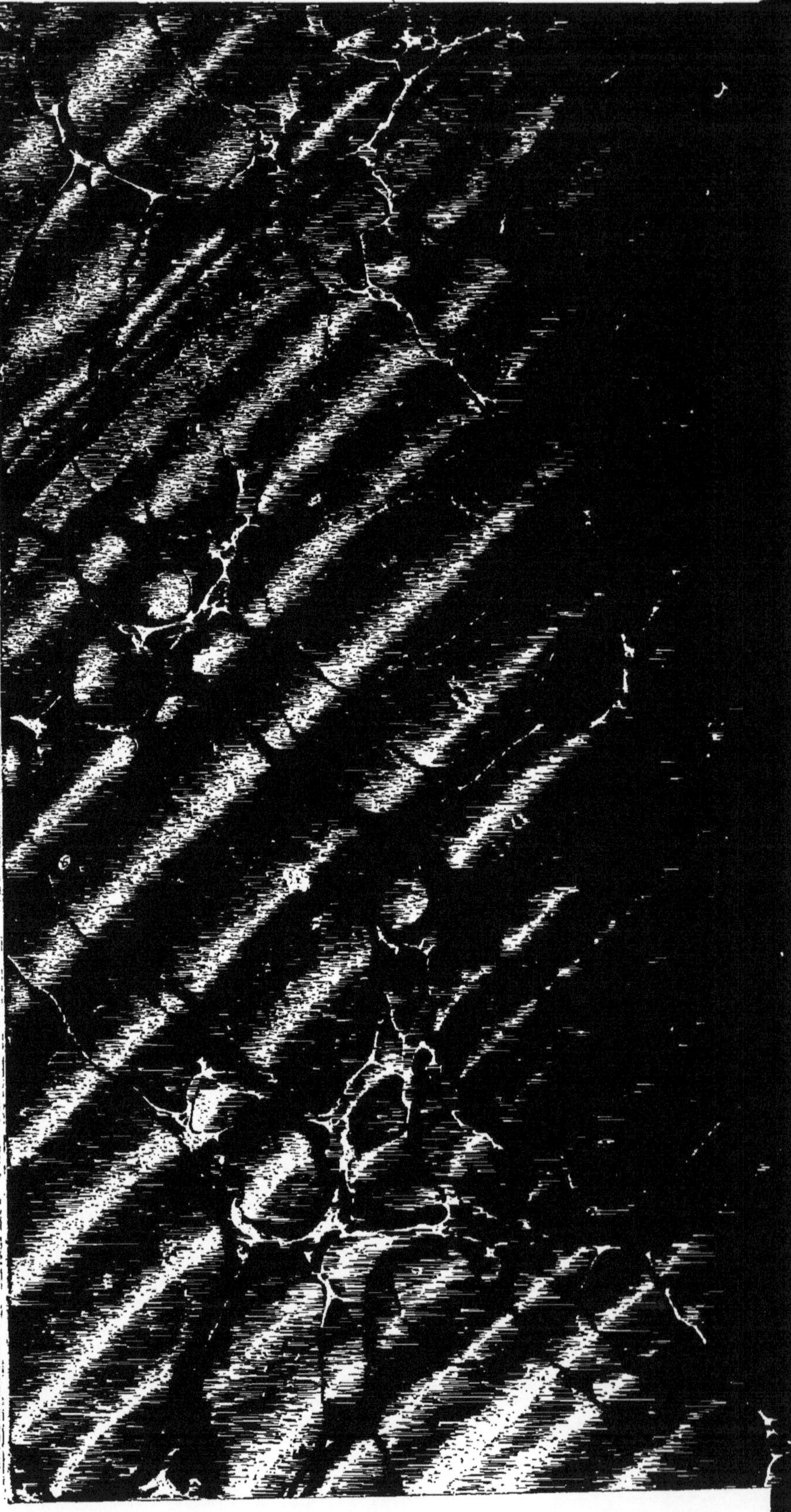